男も育休って、あり？

羽田共一

はじめに

２０１８年4月1日。ぼくは、3か月余りの育休を取得した。第一子として誕生した長女が、生後3か月になったばかりの時期であった。共働きの妻はすでに育休中であり、妻とともにぼくも育休に入ったのである。

ぼくは、とある国立大学の附属小学校に勤務している教師である。育休を取得した当時は34歳。本校では初となる男性の育休取得者であった(ちなみにその2年後、ぼくは第二子となる長男の育休も3か月余り取得した)。

本書は、ぼくが育休を取得するにあたって考えていたことや、育休中に行ったこと、育休後に感じたことなどを自分なりに整理し、まとめたものである。特に育休中については、生活をどうマネジメントするかという視点を多く入れてまとめている。また、教師という立場で育休をとることのメリットやデメリットについても、随所で触れている内容になっている。

ぼくは、本書を通して世の男性に育休を取得してもらいたいと願って執筆しているわけではない。ぼくが育休と向き合った中で何を悩み、感じたのかを伝えることで、育休に興味をもっている読者の方が、少しでも今後の人生の参考になればと思い執筆している。本書を読んで、育休取得に前向きになる読者もいれば、後ろ向きになる読者もいるかもしれない。どちらにしろ、読者のためになることがあれば、ぼくとしては幸いである。

ただ、ぼく自身は育休をとったことをプラスに感じているため、内容的にはマイナス面よりプラス面が強調されているということは、あらかじめお伝えしておきたい。

ちなみに代表的なプラス面は、家族との時間はもちろん自分のために使える時間も十分にとれたということである。また、1回目の育休については金銭的なダメージがほとんどないどころか、結果的には育休をとらなかった場合よりもプラスに転じることになったということもあげられる。

ここまで読んでいただき、興味をもたれた方は、是非この先を読み進めていただければと思う。

尚、本書では育児に関わる制度や仕組み等を必要に応じて紹介しているが、それらは2021年6月時点の情報を参考にしているものである。

羽田共一

CONTENTS

第1章 はじめての育休

ぼくが育休を取得するまで

ぼくが育休を取得しようと思った理由

ぼくが育休を取得しようと思った理由。それは、妻のためである。育児に参加したいという気持ちや、子どもと一緒にいたいという気持ちが一番ではない。妻を不安にさせたくない。ただ、それだけの気持ちであった。

妻と出会ったのは学生時代。ぼくが大学院生の時だった。ぼくの一目ぼれであったが、当時は妻に全く相手にされていなかった。それでも出会ってから1年後、ぼくの猛アプローチが実って、ついに付き合うことができたのだ。しかし、付き合い始めて数か月で、ぼくらは遠距離恋愛になった。ぼくが大学院を卒業し、県外に就職したためである。遠距離恋愛中は、会いたくても会えないもどかしさや仕事の忙しさによって心が折れそうになることもあったが、日々の電話や月に一度程度の会える機会を楽しみにしながら、何とかお互いに支え合うことができた。そして、ぼくらは約2年間の遠距離恋愛を乗り越え、ついに結婚までたどり着けたのだった。

そんなぼく達夫婦が子どもを授かったのは、結婚してから6年目のことであった。本当はもっと早く授かりたかったのだが、うまくいかなかったのだ。ただ、仕事人間だったぼくは、「いつか授かればいいいな」程度に考えて仕事に打ち込めていたのだが、結婚当初から子どもを欲しがっていた妻は、妊娠がわかるまでの5年間、ずっと悩み、苦しみ続けていたのだった。

結婚して3年目に、ぼくが現在勤務している附属小学校に転勤し、それまで以上に仕事に打ち込むようになったことも妻を苦しめた。医療事務として仕事をしている妻は夕方に帰宅する一方で、ぼくの帰宅時間は夜10時を越えることが増えたのである。さらにぼくは休日も学校に行ったり、家で仕事をしたりしていたため、夫婦で一緒に過ごす時間が少なくなっていたのだ。妻は子どもを授かれない不安も重なり、ストレスで体調を崩すことが何度もあった。

だからこそ、結婚してから6年目にわかった妻の妊娠は、ぼくら夫婦にとって希望の光となった。ちなみに、ぼくらは数年間の不妊治療の末に子どもを授かれたのだが、不妊の原因はぼくの側にあった。そのため、ぼくは妻への申し訳なさが年々高まっていたのである。そんな中での妊娠だったこともあり、ぼくは嬉しかったとともに、ほっとした気持ちもあった。

そして、悩み苦しんでいた妻は見違えるように明るくなった。妊娠初期はつわりがひどく体調を崩すこともあったが、赤ちゃんがお腹の中にいるということで、辛さよりも幸せを感じながら毎日を過ごしているようであった。そんな妻を見て、ぼくもまた幸せであった。

しかし、出産予定日の約3か月前、勤務中のぼくに妻から連絡が入った。妻が、急遽入院することになったのだ。病院での健診で、切迫早産と診断されたためであった。切迫早産とは、早産となる危険性が高いと考えられる状態である。一般的に、早く生まれた赤ちゃんほど、後で重篤な障害が出現する可能性が高いと言われている。そのため、妻は早産を避けるため、しばらく入院して検査や治療をすることになったのである。ぼくは、妻からの連絡を受けた時、頭がパニック状態になった。考えたくなかったが、最悪の状況も考えた。ただ、ぼくにできることは、入院中の妻をサポートし、励ますことであった。一番不安なのは、間違いなく妻だからだ。

妻の入院中、ぼくは毎日仕事を早く切り上げて病院に行った。不安を感じている妻と一緒に過ごせる時間を少しでも増やしたかったのだ。休日もできるだけ病院で過ごすようにした。ただ、意外にも妻は入院生活を楽しんでいるようだった。病院にいることで、毎日お腹の中の赤ちゃんの様子を検査で確かめることができたからだ。お腹の中の赤ちゃんが毎日健康だとわかることで、妻の不安は徐々にやわらいでいったのである。

その後、入院中の経過から早産のリスクが当初より低くなったため、妻は3週間ほどの入院で退院できることになった。しかし、まだリスクがなくなったわけではない。病院からは、仕事や運動を控えて自宅で安静にしておくように言われた。その結果、妻は退院後も職場に復帰せず、そのまま休職することになった。結局妻は、当初予定していた産前休業の時期より2か月近く前から、職場を離れることになったのであった。

妻の自宅療養中は、ぼくが買い物をしたり食事を作ったりすることになった。病院の先生から、なるべく家事をしすぎないようにと言われていたからである。ぼくは、何よりも妻の体調を優先し、入院中と同じように仕事は極力早く切り上げて帰宅するようにしていた。妻は申し訳なさそうだったが、ぼくは妻が無理をして最悪の事態になることだけは避けなければならないと思っていた。待ちに待った赤ちゃんを授かることができ、毎日幸せを感じながら過ごしている妻を、再び苦しませるような状況にはしたくなかったのである。ぼくは、これまで妻を苦しめてきた分、ここで妻を助けたいという気持ちが強くなっていたのかもしれない。

そしてこのころから、ぼくは子どもが生まれた後のことも考えるようになった。妻は頭がよくしっかりしている。家事も仕事もテキパキこなす人だ。妻が育児をすることに何の不安もない。しかし、ぼくが夜遅くまで仕事をして、家のことをほとんど妻に任せた時、また妻が苦しむことにはならないだろうか。これまでずっと妻に苦しい思いをさせてきた分、妻が楽しみにしていた子どもとの生活だけは、苦しいものにしてはならない。ぼくは、そう考えるようになったのである。

一方で、仕事の手を抜きたいとは思わなかった。仕事はぼくの生きがいである。しかし妻の入院後は、仕事をうまく進められていないという実感があった。早く切り上げられるように、これまでより手を抜いて仕事をしていた部分があったからだ。そのため、準備不足で授業を行うことがあり、授業を受けた子ども達の反応がよくないことが増えたのである。

また、早く退勤することには同僚への申し訳なさもあった。普段から残業が当たり前になっていたぼくは、残業せずにその日の仕事を終えることが困難になっていた。そのため、同僚に仕事を手伝ってもらうことが多くなっていたのだ。家族のことだから仕方がないとは思いながらも、ぼくは十分に仕事に向き合えないことや、同僚に迷惑をかけてしまうことにストレスを感じていたのである。

そこでぼくは考えた。どうすれば、妻と過ごす時間を増やしつつ、ストレスなく仕事に取り組めるだろうか。

いろいろ考えた末、ぼくは二つの選択肢を導き出した。

それは、「転勤」か「育休」である。

なぜ「転勤」か「育休」なのか

ぼくが「転勤」と「育休」を選択肢にあげた理由は次の通りである。

まず転勤について。ぼくの勤務する附属小学校は公立の小学校に比べて教育実習や研究発表などの仕事が多い職場である。その分、公立の小学校より学級数に対する職員の数は多いが、それを感じさせないほどの仕事量があった。ぼくが附属小学校に来る前に勤めていた公立の小学校では、どんなに遅くても夜9時には職場を退勤していたが、附属小学校では、9時に退勤できたら早いほうだと感じる時期が多々あった。それでも、附属小学校は教育にかける予算が多く、様々な教具（授業で使う道具）や過去の研究資料をもとに、日々授業研究に取り組むことができた。また、その研究成果を県内外の多くの教育関係者に発表する機会が定期的に設けられていたため、高いモチベーションを保って仕事に向き合うこともできたのである。仕事人間のぼくにとっては、仕事をする上での環境が整っている附属小学校は、決して悪い環境ではなかったのだ。

ただし、授業研究は附属小学校でなければできないということではない。前任の公立の小学校では、予算がなくても必要な教具は自分で手作りして授業力を高めることができた。また、そんな自分の実践を論文にまとめて賞をもらったこともあった。そのため、ぼくはどんな小学校で働くことになっても、生きがいを感じて仕事ができるとは思っていた。そうであれば、附属小学校より仕事量が少ないと期待できる公立の小学校に転勤したほうが、今よりは家庭と仕事を両立しやすくなるのではないかと考えたのである。

しかし、この時ぼくは附属小学校に来て3年目。転勤には早すぎる勤務年数であった。本校では、5年以上勤めてから転勤することが多く、ぼくは校長に転勤のお願いをしても、実現するのは難しいのではないかと思っていた。そんな時、ぼくの頭をよぎったのが「育休」である。

育休は仕事を休むことになるが、手を抜くわけではない。育休中は妻や赤ちゃんとの時間を大切にでき、復帰後にはまた仕事に打ち込むことができる。これなら、ぼくも納得して仕事を休むことができると思ったのだ。ただ、あくまでそれは理想論である。現実を考えると、ぼくは育休という選択肢は非常に難しいと感じていた。育休に限らず、仕事量の多い本校において長期間の休みをとるということは、多くの同僚に迷惑がかかってしまうと容易に想像できたからだ。公立の小学校に勤務していた時は育休経験がある男性の同僚がいたが、本校では過去をさかのぼってもこれまでに男性が育休をとったという前例がなかったのである。

校長への相談

出産予定日まであと2か月となった10月下旬ごろ、職場で管理職との面談があった。ぼくの職場では学期に1回程度、職員一人一人が校長・副校長と面談する機会が設けられている。ぼくは、この機会に校長にあることをお願いしようと考えていた。それは、転勤である。

面談が始まり、校長はまずぼくの妻の様子について尋ねた。不妊治療をしていたことや、現在出産前であること、切迫早産で入院したことなどを、以前から校長に伝えていたからである。ぼくは、妻が現在安静中ではあるが元気であることを伝えた。そして、その話の流れで転勤についての話題を切り出した。

「校長先生、一つお願いがあります。ご存じの通り、結婚してからこれまでずっと授かることができなかった赤ちゃんが、この年末に生まれます。私としては、育児に時間をかけたいと考えています。可能であれば、次の4月に本校より仕事量の少ない公立の小学校に転勤させていただけませんか。」

校長は、少し考えてから答えた。

「羽田先生の気持ちはよくわかりました。ただ、他に方法はないのかな?」

実は2017年当時、国会で話題になっていた働き方改革の波を受け、本校では業務の改善、見直しを進めている真っ最中であった。全職員の残業時間の削減に向け、管理職が中心となって知恵を出し合っていたのである。しかし、この時点では具体的な施策が少なく、個人の努力で残業を減らすようにすることが主な取り組みであった。校長としては、ぼく自身の働き方を変えることで育児と仕事の両立をはかってほしかったのである。そして、校長は続けて言った。

「今、本校は変わろうとしているところです。学校としては残業を全くせずに働くことができるように本気で考えています。羽田先生にも、協力してもらいたい。

また、子どもが生まれた場合には、転勤ではなく、育休をとるという選択肢もありますよ。」

校長の話を聞いて、ぼくは驚いた。意外にも、校長の口から「育休」という言葉が出たのである。まさかの展開に、ぼくは何も言葉を返すことができなかった。

育休について調べる

面談を終えて、ぼくは校長の真意がずっと気になっていた。面談中は、とにかく転勤についての希望を伝えようと思って臨んでいたため、校長から「育休」が提案された時に、その真意については聞くことができなかったのだ。だが、提案されたことは事実である。そこでぼくは、まず「育休」の可能性について探ることにした。

ぼくは、校内の事務の先生に育休について尋ねた。事務の先生からは、

「えっ？　羽田先生が育休をとるのですか？」

と驚かれたが、育休に関する多くの資料をもらうことができた。早速資料を読み込むと、ぼくの職場における育児に関する制度は、いくつかあることがわかった。要点をまとめると以下のようなものである。

◎育児に関する制度は、育児休業・育児短時間勤務・育児部分休業がある（一般的にいう「育休」は、育児休業にあたる）。

◎育児休業は子どもが3歳に達する日までに、希望する期間を休業できる。給与は支給されないが、子どもが1歳に達するまでは雇用保険から育児休業給付金が支給される。休業中は常勤の代替職員が雇用される。

◎育児短時間勤務は子どもが小学校就学の始期に達するまでに、希望する期間で勤務時間を短縮して勤務できる。勤務形態は数種類あるが、勤務時間は常勤の50〜65％になる。給与は勤務時間に応じた額が支給される。期間中は勤務しない時間に応じて非常勤の職員が雇用される。

◎育児部分休業は子どもが小学校就学の始期に達するまでに、希望する期間で勤務時間の始めまたは終わりの時間を1日2時間を超えない範囲で勤務しないことができる。給与は勤務しない時間分減額される。代替職員は雇用されない。

つまり、完全に休業する育児休業と、勤務時間を減らす育児短時間勤務や育児部分休業という制度があったのである。また、これらの制度はどれも男女関係なく、育児休業中の妻がいても夫が取得できる制度であることもわかった。

ちなみに、公務員における育児休業、育児短時間勤務、育児部分休業といった制度は、「国家公務員の育児休業等に関する法律」「地方公務員の育児休業等に関する法律」（以下、これらをまとめて「育児休業法」と呼ぶ）を基に定められているため、公務員であればどのような職場でも基本的に同じような制度が整えられているのである。

コラム 1

一般企業における育児に関する制度

一般企業においては、育児・介護休業法（正式名称：育児休業、介護休業等育児又は家族介護を行う労働者の福祉に関する法律）により、仕事と育児の両立支援制度が多数定められている。ちなみにこれらの制度は、法律によって子育て中の労働者であれば男女問わず対象となっているため、基本的にはどの会社でも利用できる制度である。

◉育児休業

子どもが1歳（条件によっては最長2歳）に達するまで、申出により育児休業の取得が可能。子どもが1歳に達するまでは雇用保険から育児休業給付金が支給される。父親が産後8週間以内の期間に育児休業を取得した場合は、特別な事情がなくても申出により再度の育児休業取得が可能（パパ休暇）。

◉短時間勤務

3歳に達するまでの子どもを養育する労働者について、労働者が希望すれば就業規則で定められている1日の勤務時間を短縮することが可能。

◉所定外労働（残業）の制限

3歳に達するまでの子どもを養育する労働者が請求した場合、残業を免除してもらうことが可能。

◉子の看護休暇

小学校就学前までの子どもが1人であれば年5日、2人以上であれば年10日を限度として看護休暇の取得が可能。1時間単位で取得することも可能。

◉深夜業の制限

小学校就学前までの子どもを養育する労働者が請求した場合、午後10時から午前5時までの労働を免除してもらうことが可能。

この他にも、仕事と育児の両立支援制度は存在している。厚生労働省の作成している「知っておきたい育児・介護休業法」の動画や、男性の育休を推進する「イクメンプロジェクト」のサイトなどでわかりやすく解説されている。

とるなら「育児休業」

ぼくは、家で妻と相談した。転勤を希望することについては妻と相談していたが、育児に関する制度についてははじめて知ったことが多かったからである。そして妻と話し合った結果、ぼくは転勤がかなわなければ完全に休業する「育児休業」を取得することに決めた。

育児休業の決め手となったのは、職場への影響とぼくの収入である。育児部分休業の場合、ぼくは遅れて勤務をしたり早く帰ったりできるが、そもそも定時で働くことの難しい職場でこの制度を使うと、職場には多大な迷惑がかかる。育児部分休業では代替職員は来ないため、職場の負担は単純に増えるだけなのである。

一方、育児休業と育児短時間勤務は代替職員が雇用される。その点ではどちらも育児部分休業より職場への影響は少ない。そこで次に考えたのが収入である。妻と過ごす時間を増やすことができても、赤ちゃんを含めた3人での生活が困窮するようでは元も子もない。妻はすでに切迫早産の影響で休職しており、出産後も約1年半の育児休業を取得することになっていた。そのため、我が家の収入はすでに減少することが決まっている状態であったのだ。

育児休業の場合、職場からは給料が出ないが、雇用保険から育児休業給付金が支給される。支給額は、育児休業開始から6か月間は給与の67％。7か月目以降は50％である。ただし、原則子どもが1歳になるまでしか支給されない。そのため、ぼくの場合、子どもが予定日通り年末に生まれると仮定すると、翌年の年末までは育児休業給付金の支給を受ける権利があったのだ。そうなると、育児短時間勤務は収入面では非常にメリットが少ないことになったのである。育児短時間勤務における勤務時間は、最大で常勤時の65％程度であるため、給与も最大で65％程度になるのだ。そのため制度上は、育児短時間勤務で仕事をしていても、完全に休業している育児休業のほうが最初の6か月は収入が多くなるということなのである。

このような一見不思議な状況は、お金の出所が違うために起きる。育児休業では職場ではなく雇用保険が給付金を出すが、育児短時間勤務では職場が給与を出さなくてはならないのだ。この点でいうと、育児休業給付金という制度は、育児休業取得を迷っている人にとっては魅力的な制度といえるだろう。

ただ、職場への影響の大きさでいうと、完全に休業する育児休業は育児短時間勤務より影響が大きいのだと思う。なるべく職場への影響を少なくしようと考えるのならば、育児短時間勤務を選択すべきなのだろう。しかし、育児短時間勤務にした場合には、勤務時間内に終わらなかった仕事を自宅に持ち帰り、結局家で仕事に追われるという事態になることも考えられた。そうなると、妻との時間を増やすという当初の目的からは、ほど遠い現実になる可能性もあったのである。

これらのことを踏まえて、ぼくは転勤ができなかった時には育児短時間勤務ではなく、「育児休業」を選ぶことにした。取得のタイミングは年度の切り替わりである4月1日。小学校は毎年人事異動があり、4月1日には必ず職員が数名入れ替わるため、そのタイミングで育休に入ることが最も職場への影響が少ないと考えたからだ。ただ、迷ったのは、期間である。

期間は一学期間

ぼくは育休の期間について、3パターン考えた。

① 4月から1年間
② 4月から子どもが1歳を迎えるまで（約9か月）
③ 4月から一学期間（約3か月半）

①については、より長く妻と一緒にいられる時間が増えることや、職場復帰が1年後の年度の切り替わりとなり、復帰しやすいというメリットがあった。また、ぼくの代員となる先生が1年間働くことができることもメリットであった。代員の先生は臨時職員となるため、期間限定の雇用となる。そのため、数か月間の雇用より1年間での雇用のほうが学校としては人材を集めやすいのである。さらに、代員の先生が1年間働くことで、年度途中に引き継ぎをする必要がなくなるため、職場への影響も少なくなるのだ。こう書くと、いいことだらけのように感じるのだが、実はこのパターンでは一つ大きな問題があった。それは、収入面である。育児休業給付金は原則子どもが1歳になるまでが給付対象である。また、育休取得から6か月間とそれ以降で給付額が違ってくるのだ。そのため①のパターンでは、育休を取得する4月から9月までの半年間は給与の67％、10月から12月までの3か月間は給与の50％が支給されるが、子どもが1歳を超えた1月から3月までの3か月間は支給されないため無収入となるのだ。理由は後述するが、妻は5月までの育休を取得する予定だったため、このパターンでは1月から3月までの3か月間は夫婦ともに無収入の状態で生活しなければならなかったのである。我が家には、それほどの貯蓄がなかった。そのため、この案は早い段階で却下せざるを得なくなったのであった

（後でわかったことであるが、パパママ育休プラス制度というものがあり、本来はこの場合でも2月までは育児休業給付金を受け取ることができていた。ただ、当時のぼくはそのような制度まで熟知していなかった。パパママ育休プラス制度については38ページのコラム②参照）。

②については、一学期と二学期を休業し、年明けから復帰するというパターンである。育児休業給付金が支給される最大期間を妻と過ごせるというメリットがあり、最後まで③の案と迷った。しかし、ぼくは最終的に③を選ぶことにした。

③は一学期だけ休業するというパターンである。この場合、夏休みから復帰することになる。ぼくが最終的にこの期間を選んだのは、職場への負担が気になってしまったからである。少し職業的な話になるが、ぼくは職場で体育主任という仕事をしていた。体育主任とは学校での体育的行事を中心となって準備、運営するという比較的忙しい仕事である。当時、ぼくは体育主任の仕事の忙しさにやっと慣れてきたころであったのだが、育休によってこの仕事を他の先生に引き継いでもらわなければならないことに、心苦しさがあったのである。

ぼくの職場の場合、特に体育主任の仕事が忙しくなるのは夏休みからである。夏休みには水泳記録会があり、二学期が始まるとすぐに運動会がある。そして運動会が終わると、今度は陸上記録会が行われるのである。体育主任はこれらの会を計画し、運営していく上での責任者となるのだ。体育主任にとって、夏休み以降は怒涛の仕事が待ち受けているのである。また、10月と11月には、150名を超える大学生を受け入れて指導する教育実習も行われるため、二学期は体育主任だけでなく、学校の全職員が忙しくなる時期でもあったのだ。

ぼくは、職場が一番忙しくなる二学期に、休みをとることに気が引けてしまったのである。特に体育主任を引き継いでもらう先生や、ぼくの代員で勤務してくれる先生に大きな負担をかけてしまうのが容易に想像できたため、休むことに後ろめたさがあったのである。そんなことを気にする必要はないという意見もあるかもしれないが、二学期の忙しさを知っているぼくは、どうしても気になってしまったのである。実は一学期にも、体力テストやプールの水質管理など、体育主任としての大きな仕事があるため、それらを引き継いでもらうことにも申し訳なさがあったのだ。一方で、三学期は体育主任としてはあまり忙しくない時期であった。そのため、ぼくが年度内に復帰するのであれば、二学期が終ってからではなく、二学期が始まる前に復帰するほうが職場に貢献できる度合いが大きいと思ったのである。例え復帰時に体育主任というポジションではなくても、少なくとも勝手を知っているぼくがいることで、体育主任をサポートできると考えたのだ。

ちなみに、このような葛藤は育休ならではだと感じている。もしぼくが転勤するのであれば、ここまで職場の心配はしないのだと思う。育休という、復帰することが前提の休みだからこそ、職場に対する影響を強く意識したのであろう。

こうして、ぼくは育休を一学期間取得するという方向で考えを固めたのであった。

妻は、ぼくの判断を快く受け入れてくれた。妻にとっては、3か月半という期間よりも、ぼくが育休をとろうとしていること自体が嬉しかったようである。確かに、これまでの過ごし方を見ていれば、ぼくが育休をとるなど、妻は思いもしなかったのであろう。

なぜもっと短い期間にしなかったのか

ぼくが育休の期間を最低でも一学期間と設定したのは、いくつかの理由がある。男性の育休はもっと短くてもいいのではないか、という考えもあるかもしれない。実際、厚生労働省の「雇用均等基本調査」によると、日本における男性の育休取得率は7・48％（2019年）しかない上、取得日数は短い人が多い。育休の取得日数のデータが公表されている2018年の調査では、育休取得男性のうち、取得日数が5日未満だったのが36・3％と最も高く、次いで5日〜2週間以内が35・1％なのである。一方、3か月以上の育休を取得した人はわずか7・0％である。つまり、9割以上の男性は育休を取得していないだけでなく、取得した男性もその7割程度は2週間未満になってしまうというのが現実なのである。ぼくのように3か月以上の育休を取得する男性は、全体の0・5％ほどしかいないのだ。

これは、単純に制度が整っていないということだけが原因ではないだろう。ぼくのような仕事人間は特にそう思う。単純に、仕事を休みたくないのである。仕事を休めばブランクが生まれてしまう。また、周りが成長している職場に戻りにくくなるという不安も生まれる。だからこそ、休むということにはリスクを感じるのである。

ぼくも、育休を考えた時にそのリスクが一瞬頭をよぎった。だが、すぐに気にする必要がないと考え直し、最低でも一学期間は取得すると決めたのだ。それは、これまでの自分の経験が、ぼくにそう判断させたからであった。

ぼくは教師になる前、サラリーマンだった。大阪に本社がある広告会社で営業マンとして働いていたのだ。その会社はまだ設立してから十数年のベンチャー企業であり、社員は若手が多かった。そのため、ぼくは入社してからすぐに大手のクライアントを任されることになり、毎日夜遅くまで必死に働いていた。その甲斐あってか、1年目には新人でトップの売上げを達成し、2年目には異例の営業チームのサブリーダーに昇進した。忙しい仕事ではあったが、やりがいは非常にある仕事だった。ぼくはこの会社で約2年間勤務した後、教師に転職したのだ。

実は入社する前から、ぼくは将来教師になるつもりであった。教師になる前に、自分がどのくらい社会で通用するのか試してみたい。そう思って企業に就職したのである。そのため就職活動中は、入社面接で「将来は教師になりたいと思っている」と伝えていた。当然、どの会社も採用してくれなかった。そんな中、こんな自分勝手なぼくを唯一採用してくれたのが、この広告会社だったのである。そんな経緯があったからか、ぼくが会社に教師への転職の意思を伝えた時、社長は快く認めてくれた。会社の同僚は、盛大な送別会まで開いてくれた。社長をはじめ、この広告会社の人達には、本当に感謝している。

そしてここでの転職が、ぼくに大きな勇気と自信を与えてくれた。転職を経験したことで、仕事に対する視野が大きく広がったのである。

教師に転職した当初は、何もわからない世界で、自分はやっていけるのかが正直不安であった。しかし、これまで会社で当たり前にしてきたことや、考えてきたことが、教師として働いていく上での大きなアドバンテージになったのである。サラリーマン時代にお客様にしてきた電話での対応は、保護者への電話対応にそのまま活かされた。電話をいただくことはありがたいこと。お客様の利益を最優先に考えて対応する。という営業で身に付けた考え方は、保護者からも受け入れられた。当時モンスターペアレントが社会問題になっていたが、保護者の話をしっかり聞いて、保護者の立場になって対応するという基本を外さなければ、トラブルになることはなかった。また、サラリーマン時代に営業資料を作ったり、それをお客様にプレゼンしたりすることは、そのまま授業に活かされた。お客様に短時間でわかりやすく、そしてインパクトがあるように伝えるということは、小学生に授業をするのと考え方は同じである。もちろん伝える相手は違っているが、サラリーマンの時は毎回違うお客様にプレゼンしていたのに対し、小学校では毎日同じ相手に授業するため、むしろやりやすさを感じることもあったのである。

ぼくは教師歴としては同年代から遅れをとっていたが、サラリーマンを経験したことで、大きな武器をもって教師の世界に入れたのである。広告会社での経験は、小学校で働く上でも、とても意味のあることだったのだ。

また、教師になって6年目に附属小学校に転勤したこともぼくに力を与えた。附属小学校は公立の小学校と違って、中学校のように教科担当の授業が多い学校である。通常、公立の小学校の教師は担任になったクラスのほとんどの教科を指導するが、本校では担任が自分のクラスで指導する教科は3教科程度。それ以外は各教科の専門の教師が指導するのである。そのため、本校では担任も含めてすべての教師が自分の担当の教科をもっている。ちなみに、ぼくの担当教科は体育である。

本校に転勤してからの2年間、ぼくは担任ではなく、体育専科として仕事をした。体育専科とは、その名の通り体育だけを指導する教師である。本校は、学級数に対する教師の数が多いため、担任としてではなく専門の教科を多くのクラスで指導する専科として配置される場合が多々あるのである。その結果、ぼくは体育専科として、2年間体育の授業だけを指導する日々を過ごしたのであった。そして3年目、ぼくは本校ではじめて担任をすることになった。担任として仕事をするのは2年ぶり。国語や算数を教えるのも2年ぶり。体育以外はすべてにおいて、2年間のブランクがある状態だったのだ。そのため、学級経営はうまくいくだろうか、国語や算数はきちんと教えられるだろうか、という不安があった。だが、いざ始まってみると、ブランクを感じたことはほとんどなかった。2年間空いていても、頭と体はしっかり覚えていたのである。ぼくは2年ぶりの担任を、楽しく過ごすことができた。人間、そう簡単に身に付けてきたことは忘れないものだと、ぼくは実感したのである。

このような経験があったからこそ、ぼくは2週間以内というような短期間での育休を選択肢に入れなかった。短いブランクで復帰するよりも、職場から離れる期間をある程度確保したほうが、復帰後に「育休」という経験がアドバンテージになると期待できたからである。

長期間の育休については、学期ごとに明確な切り替わりがある小学校という職場環境も取得を後押しした。学期途中での休業や復帰というのは、職場への支障が大きいが、子どもがいない夏休みや冬休みでの復帰であれば、職場への支障が少ない上に、復帰後に新学期に向けた引き継ぎや準備をする期間としても活用しやすかったのである。

こうしてぼくは、長期間の育休取得に舵を切ることができたのであった。

コラム 2

育児休業給付金

育児休業給付金とは、雇用保険に加入している労働者が育児休業中に給与が一定以上支払われなくなった場合、雇用保険から給付される給付金のことで、原則子どもが1歳まで給付を受けとることができる。多くの企業や自治体では育休中に給料が支給されないため、育休中はこの育児休業給付金で生計を立てることになる。ちなみに、公務員の場合は雇用保険からではなく、共済組合から給付され、名称も「育児休業手当金」と言われているが、内容は育児休業給付金とほぼ同じである(※)。

給付金額は、休業開始から6か月間は休業開始時賃金の67%、それ以降は50%が支給される。

給付期間は原則子どもが1歳になるまでだが、以下の場合は給付期間の延長ができる。

① 1歳までに子どもが保育所に入所できなかった場合、最大子どもが2歳になるまで給付を受け取ることができる。

② 母親と父親がともに育児休業を取得した場合、子どもが1歳2か月までは給付を受け取ることができる（パパママ育休プラス制度）。

また、育児休業給付金は非課税のため、所得税はかからず、翌年度の住民税算定額にも含まれない。

※ 筆者は国立大学法人の附属小学校に勤務しているため、正式には公務員ではなく、公務員と同等の仕事をする「みなし公務員」と言われる法人の職員である。そのため、福利厚生は公務員とほぼ同じであるが、育児休業における給付金については育児休業給付金が支給された。

日本の男性育休取得率

日本の男性育休取得率は2019年が7・48%であったが、実は過去と比べるとかなり上昇している数値なのである。2008年は1・23%であったことを考えると、この10年で6%以上上昇したことになるのだ。これは、この10年の間に政府が女性の働きやすい社会づくりや働き方改革を念頭に、男性の育休取得を推進してきたことが一つの要因と考えられる。厚生労働省は、2020年までに男性育休取得率を13%にする（※）という目標を掲げて「イクメンプロジェクト」を立ち上げ、男性育休の制度やそのよさを積極的に発信したのである。また、育児休業給付金が、平成26年に給与の50%から67%に引き上げられたことも男性育休取得に大きく影響を与えたと思われる。

とはいえ、2020年に男性育休取得率を13%にするという目標は非常に高いハードルだというのが現実である（2021年6月時点ではまだ2020年の男性育休取得率は発表されていないが、達成は難しい見込である）。また、「とるだけ育休」と揶揄されるような5日未満の育休が多いのも事実である。

※ 2021年現在は、2025年に男性育休取得率を30%にすることを目標にしている。

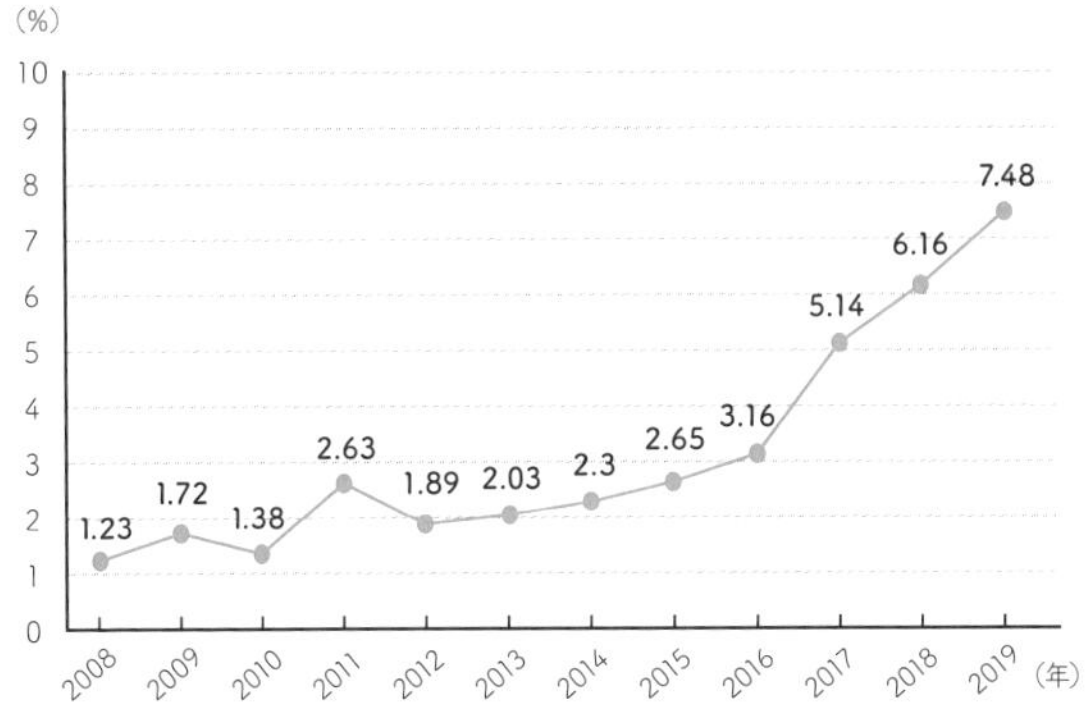

日本の男性育休取得率

出典：厚生労働省『令和元年度雇用均等基本調査』より著者作成

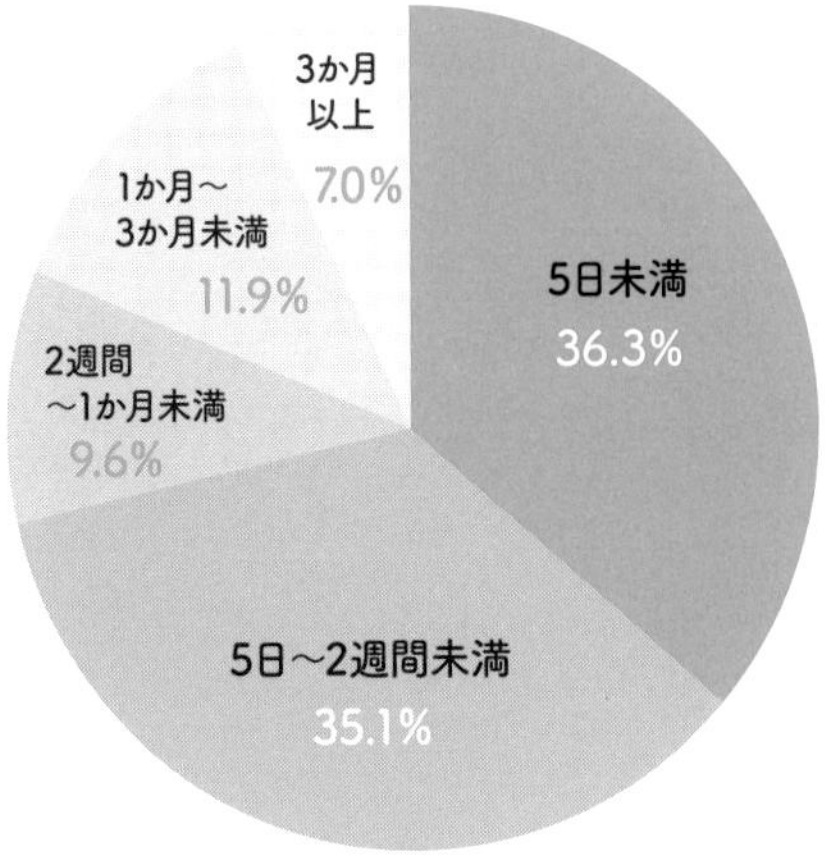

日本の男性育休取得期間

出典：厚生労働省『平成 30 年度雇用均等基本調査』より著者作成

育休のお金事情

育休期間が3か月半となり、ぼくはその期間の収入が、育児休業給付金によってこれまでの7割弱くらいになるものだと考えていた。だが、実際にはぼくの予想していたお金事情とは少し異なることもあった。そこでここでは、一部育休中や復帰後の話にもなるが、育休におけるお金のことについて書いておきたいと思う。

まず、予想以上のメリットについてである。これは育休を取得した後にわかったことであるが、育休中は社会保険料が免除されることや、育児休業給付金には所得税がかからないことなどから、実質的には給与の80%程度が保障されたのである。これは、ぼくにとっては嬉しい誤算であった。

また、育休中は休業中にも関わらず、職場からボーナスが支給された。実は国家公務員のボーナスについては、次のような規定があり、本校のような国立大学附属の学校園や地方公務員などもほとんどその規定に準じているのである。

期末手当及び勤勉手当について、基準日に育児休業中の職員は、原則、支給の対象外であるが、当該基準日以前6か月以内の期間において勤務した期間があれば、その期間に応じて、これらの手当を支給する。なお、期末手当については、育児休業期間の2分の1を除算の上、在職期間として通算する。

少しわかりにくいので説明するが、公務員は勤勉手当（夏のボーナス）が6月、期末手当（冬のボーナス）が12月に支給される。4月から7月半ばまで育休をとったぼくの場合、6月は育休中であるため、原則は勤勉手当の支給対象外となる。しかし、基準日以前の6か月である12月2日～6月1日の期間に勤務した期間があったため、その期間に応じた手当が支給されたのである。つまり、12月2日～育休に入る前の3月31日までの約4か月間の勤務に対するボーナスをもらうことができたのである。

また、復帰後の期末手当については、育休期間の半分が勤務した期間としてみなされることで、減額される幅が抑えられるというメリットがあった。ぼくの場合、期末手当の基準日以前の6か月である6月2日～12月1日の期間において、6月2日～7月19日の約1か月半は育休のため勤務していないが、この期間の半分は勤務したとみなされたのである。つまり、本来なら4か月半の勤務に対するボーナスになるところが、5か月半弱の勤務に対するボーナスになったのである。

ちなみに、期末手当の場合のみ育休期間の半分が勤務したとみなされ、勤勉手当では一切みなされないのは、その手当の意味の違いによると考えられる。期末手当は生計費が一時的に増大する時期に、生計費を補充するための生活補給金としての性格を有する手当であり、勤勉手当は勤務成績に応じて支給される能力給の性格を有する手当だからである。とはいえ、実際に働いている側としては、どちらも半年分の勤務に対する手当だという認識であると思う。

そう考えると、公務員が育休をとるのであれば6月2日から12月1日の間でとると金銭的なメリットは大きいのであろう。ぼくは、短期間ではあるがこの期間に育休をとっていたことで、多少なりとも恩恵を受けられたのである。

また、これは育休をとる前に事務の先生から教えてもらったのだが、育休で休んでいても、復帰後の昇給には影響がないのである。本校では復帰後の昇給について、「育児休業期間を勤務したものとして通算して調整される」ことになっている。これは、育児休業法や人事院規則を基に示されていることから、公務員であれば基本的にそうなるのであろう。

以上のようなメリットがあったため、ぼくの3か月半の育休に対する金銭的な影響は、育休期間中に収入が少し減るくらいであった。実際ぼくが育休をとった年の年収は、実質的には9割程度が保障されたのである。年収の1割減を大きいと感じるかどうかは人によると思うが、ぼくにとっては十分許容範囲内の影響であった。

一方、金銭面では予想外のデメリットもあった。先述したようにぼくの年収は実質的には9割程度が保障されたのであるが、生活していく上ではある程度の貯蓄をもっておく必要があったのである。それは、お金はすぐに入ってこなかったからである。

まず、育休中の最も大きな収入源となる育児休業給付金であるが、これは2か月分がまとめて支給されることになっていたのだ。4月1日から育休をとったぼくの場合、4月、5月分の給付金は6月にまとめて支給されたのである。そのため、職場からの給与がなくなった4月、5月の生活費については、貯金を切り崩して捻出することになったのである。

また、育休期間中は、普段給料から天引きされている住民税を個別で納めなければならなくなった。職場がぼくに給料を支給しないため当然のことではあるのだが、これが数万円単位の大きな額なのである。ぼくは育休期間中に2回住民税を納めたのだが、1回目の納付は期限が5月末だったため、育児休業給付金が入る前の納付となったのである。これも、当然貯金を切り崩して対応したのであった。

育休をとる際は、少なくとも2か月分以上の生活費を貯蓄しておかないと大変なことになるのだ。幸い我が家には、その程度の貯蓄はあったため問題なく過ごせたのだが、一時的に貯金はどんどん減っていったのである。切り崩した貯金は、後から入ってくる育児休業給付金などでほとんど戻せたのだが、貯金が減っていく時はやはり不安を感じたのであった。

育休中のお金事情については、育休をとってはじめてわかったことが多々あった。ぼく自身、育休をとる前にお金のことは十分調べていたつもりだったが、まだまだ甘かったのである。ただ、どちらかと言えば気付いていないメリットが多かったと感じている。育休をとっても金銭的なダメージが少なくなるよう、世の中は考えられているのである。育休についての制度を考えてくれた人に、心から感謝したいと思う。

育休、決定へ

出産予定月の12月下旬。学校は二学期が終了し冬休みに入った。臨月の妻はいつ出産してもおかしくない状況だった。

そして、12月30日。ついにぼくら夫婦のもとに第一子が誕生した。年末で仕事が休みだったため、ぼくは出産に立ち会うことができた。生まれたのはかわいい女の子だった。ぼくも妻も、嬉しくてたまらなかった。ぼくは冬休みの間、毎日病院に行き、妻と娘との幸せな時間を過ごした。

1月初旬、妻と娘は退院し、しばらくは妻の実家で過ごすことになった。妻の実家は、家から車で15分ほどの距離にあり、ぼくの職場からも車で10分ほどの距離であった。そのため、ぼくは1月の間、仕事が終わると妻の実家に行き、妻とともに娘の世話をするという生活になった。といっても娘は寝ていることが多く、ぼくが娘の世話をできるのは休みの日くらいであった。

2月になり、妻と娘が家に帰ってきた。と同時に、ぼくにとっての本格的な育児がスタートした。実際はほとんど妻に任せることになったが、早く帰れた日や休みの日には、沐浴やおむつ交換など、できる限りの育児をした。妻とともに娘の世話をするのは、幸せな時間であった。

そうしているうちに2月中旬になった。4月まではあと1か月半である。本校では、育休の取得希望者は取得の1か月前までに申請しなければならないという規定があったのだが、ぼくはまだ正式に職場には育休の申請をしていなかったのだ。それは、転勤の可能性があったからである。ぼくは校長・副校長との面談で転勤の希望を伝えており、この時点でも、転勤を第1希望として考えていた。

そんなある日、ぼくは突然副校長に呼ばれた。そして、転勤についての見通しを伝えられたのだ。どうやら、転勤は難しそうだということであった。

このタイミングで、ぼくは正式に育休の申請を行った。校長・副校長には、事前に転勤がかなわなかった時には育休取得を考えている旨を伝えていたため、ぼくが育休を申請することについては特に驚かれなかった。

ただ、後日行われた職員会議で、校長からぼくの育休のことが全職員に発表されると、多くの同僚は驚いていた。無用な憶測を生まないためにも、正式決定するまでは一部の同僚にしか育休をとる意思を伝えていなかったからである。事前に相談していたのは、ぼくが休むことで仕事に大きく影響が出る体育担当の同僚と、校長などの管理職だけであった。そのため、職員会議でぼくの育休をはじめて知った同僚からは、会議の後に様々な質問を受けた。

「奥さんの調子が悪いの？」

「お子さんが大変なの？」

などである。ぼくは、

「いえ、妻も娘もいたって健康です。ただ、私も育児に参加したいと考えていまして。」

と答えていた。やはり、男性の育休と聞くと、それだけで不思議なのかもしれない。子どもは健康で妻は育休中なのに、夫が育休をとるということについては、理解されにくいのだと思う。ぼくが育休をとることを、よく思わない人がいたのも事実である。

　とはいえ、好意的に受け止めてくれる同僚も多くいた。特に女性の同僚の中には、ぼくの決断を強く応援してくれる人もいた。もちろん、気を使ってくれていただけかもしれないが、ぼくは同僚の優しい反応に安心することができたのであった。

3月は、とにかく準備と引継ぎ

3月。育休開始まであと1か月となった。ぼくはこのころ、ぼくがいない一学期の準備と引継ぎに追われていた。体育主任の仕事は、体育担当の後輩に引き継ぐことになった。ぼくは一学期に体育主任として作成の必要がある会議資料などはすべて作成し、行事で必要な用具はすぐに出せるように体育倉庫を整理するなどをした上で後輩に引き継ごうと考えた。また、代員の先生が体育の授業を指導しやすいように、扱う教材ごとに授業の進め方をまとめた資料も作成しておくことにした。

代員の先生が来るといっても、仕事に慣れるまでは大変である。後輩も、体育主任というはじめての仕事に戸惑うことが多くなる上に、代員の先生に仕事を教えなくてはならないのだ。だからこそ、ぼくは後輩や代員の先生が困らないように、できる限りの準備はしておこうと考えたのである。そのためこの時期は、家に帰るのが遅くなる日が増えた。妻と娘には申し訳なかったが、ここでの準備や引き継ぎに手を抜くと、職場に多大な迷惑がかかるだけでなく、復帰した時にぼく自身が困ることにもなると思ったのである。

3月の間に、通常一学期に準備する仕事をしておくということは大変だったが、人間、しようと思えば数か月先の準備もできるのである。ぼくは、3月の間に一学期の仕事について準備したものを、何とか後輩に引き継ぐことができた。

また、この時期に4月からぼくの代員として勤務してくれる先生も正式に決まった。全国的に教員が不足している中、管理職をはじめとした多くの人がぼくの代員となる先生を探してくれたのだ。本当に、感謝である。

こうして、代員の先生も決まり、後輩への引き継ぎも無事に終えたぼくは、心おきなく育休に入ることができたのであった。

ちなみに、育休から復帰した後、ぼくは後輩から感謝された。準備しておいた会議資料などは、後輩の体育主任としての仕事をかなりサポートできたようなのである。後輩には困った時はいつでも連絡してきてよいと伝えていたが、育休中はほとんど連絡がこなかった。仕事のできる後輩だったということや、気を使って連絡してこなかったということもあると思うが、十分に準備した上で後輩に引き継ぎができたこともよかったのであろう。

コラム4

日本の男性育休の制度は世界一

実は、日本は世界的に見ても非常に手厚い男性育休制度を有している。2019年にユニセフが発表している先進41か国の子育て支援策をまとめた報告書「先進国における家族にやさしい政策」では、日本は男性の育休制度について1位の評価を受けているのである。同報告書によると、日本は給付金を受給できる父親の育児休業期間が最大1年(52週)であり、1位の韓国(53週)に続き2位の長さとなっているものの、取得可能な育児休業期間とその間に給付される金額をもとに「育児休業において給与と同等の金額を最大何週間分受け取ることができるか」に換算した結果では、30・4週で1位となっている。これは2位の韓国(17・2週)、3位のポルトガル(12・5週)を大きく引き離している。つまり、日本は男性の育児休業において十分な給付を世界で最も長い期間受けることができる国であると評価されているのである。

一方で、同報告書では日本は充実した制度があるにも関わらず、男性育休取得率が非常に低いということも指摘されている。ノルウェーやスウェーデンでは約90%、ドイツでは約35%の男性育休取得率が報告されている。日本は2019年に過去最高で7・48%である。

給付金を受給できる父親の育児休業最大期間

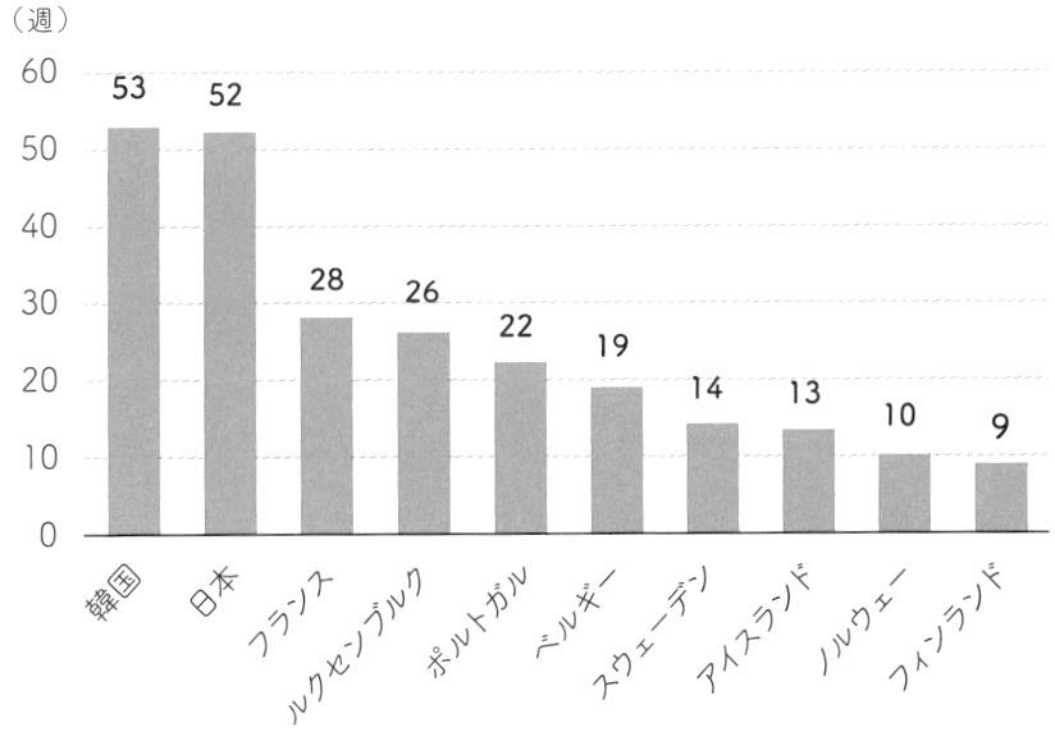

父親の育児休業において受け取ることのできる給付金の給与換算額（最大で給与の何週間分受け取れるか）

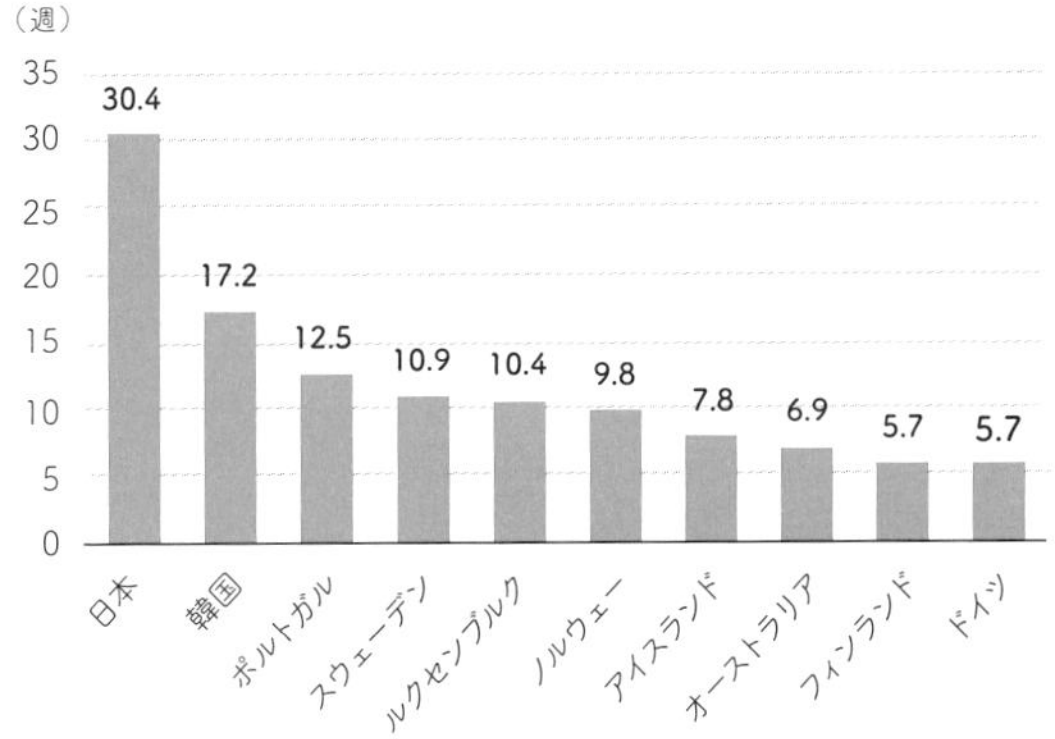

出典：ユニセフ『先進国における家族にやさしい政策』（2019）より著者作成

育休中のぼくの生活

育休、スタート

4月1日、ついにぼくの育休がスタートした。といっても、4月1日は日曜日だったため、仕事を休むのは4月2日からであった。そこで我が家は、翌日からぼくが仕事に行かないとわかっているこの日曜日に、娘のお食い初めを行うことにした。お食い初めとは、生後100日ごろに行う赤ちゃんのお祝いである。地域によっては百日祝いや歯固めなどともよばれる、「子どもが一生食べ物に困らないように」という願いを込めてごちそうを与える儀式である（赤ちゃんはまだ固形物を食べられないので、実際は食べさせるまねをするだけであるが）。お食い初めには妻の親や、県外に住んでいるぼくの親も招いて、少しいいお店でお祝いをした。ぼくは明日からしばらく仕事に追われないという安心感があったためか、落ち着いて娘のお祝いを楽しむことができた。

そして4月2日、本当の意味でぼくの育休生活がスタートした。すでに育休中の妻と、生後3か月になったばかりの娘と、育休に入ったぼくの3人が、休日や平日に関わらず、みんな一緒に家にいるという、新たな生活が始まったのである。

育休中の生活については、家事の分担などを事前に妻と相談して決めていた。妻とぼくの役割は次のように分けた。

①掃除、洗濯、料理などの家事は1週間単位で担当を交代制にする。
②娘への授乳は妻にしかできないため妻が、おむつ交換は基本的にぼくがする。
③お風呂はぼくがお風呂場で娘を洗い、脱衣所で妻に娘を渡し、着替えは妻に任せる。

①については妻からの強い希望であった。家事の分担を固定すると、どちらかの負担が大きくなったり、どちらかが忙しい時に、代わりに家事を行ったりすることが難しくなる。しかし担当を固定せず交代制にすると、家事の負担がお互いに平等になるだけでなく、娘の世話に追われた時には、お互いに助け合うことができるのである。家事に慣れていないぼくにとっては、1週間ごとに仕事が変わって気分転

換になったり、妻の家事を見ることで翌週の家事の参考にできたりするというよさもあった。

②については、娘を完全母乳で育てていたため、授乳を妻に任せる分、娘のおむつ交換はぼくが担当することで、妻の負担を増やさないようにしたのである。授乳とおむつ交換は、1日に行う回数が最も多い育児の仕事である。実際は授乳のほうが1回に時間も体力も使うため大変なのであるが、おむつ交換にもそれなりの大変さはある。おむつを替えている最中に娘におしっこやウンチをされると、その後の手間が非常にかかるため、おむつ交換は素早くかつ丁寧にすることが大切なのである。そのためおむつ交換については、役割を固定したことのメリットがあった。ぼくは、毎回おむつ交換をすることで、必然的におむつ交換の素早さや丁寧さの技術が高くなったのである。さらに、娘がおしっこやウンチをするタイミングまで大体わかるようになったのだ。我が家では、妻が娘に授乳し、しばらくしてからタイミングを見てぼくがおむつ交換をするという役割分担で育児を進めることができたのである。

③については、ぼくが育休に入った時にぜひそうしたいと考えていたお風呂の分担である。実は娘が生まれてから育休に入るまでの3か月間も、基本的には③のよ

うな体制をとっていたのだ。ぼくは仕事から帰宅すると、まず1人でお風呂に入る。次に脱衣所から妻に娘を渡してもらい、娘をお風呂に入れる。そして娘を洗い終えると脱衣所で妻に引き渡し、娘の体をふいたり着替えさせたりすることを妻に任せる。その後、ぼくがお風呂を出て娘を見ている間に、今度は妻がお風呂に入るという流れである。お風呂に関しては妻と2人で連携することでスムーズに行えていたのである。しかし、育休直前の3月は、ぼくの帰りが遅くなる日が増えたため、妻にお風呂をすべて任せることがあった。妻からは、この1人でお風呂に入れるということが最もストレスになると言われた。確かにその通りである。目の離せない娘がいる中、自分の体を素早く洗わなければならない。お風呂を上がってからは娘の体をふいたり服を着せたりすることに追われて、自分の髪をゆっくり乾かす余裕もない。1人で生後間もない娘をお風呂に入れるというのは、想像以上に大変なのである。妻にそんな大変な思いをさせていたぼくは、育休中は必ず2人体制でお風呂の対応をしようと考えていた。そして、実際に育休中は2人で対応することで、妻のストレスは大きく軽減されたのであった。

こうして、ぼくの育休中の生活は①～③の役割分担を基本として進んでいったのである。もちろん、役割に固執するわけではなく、大変な時はお互いに助け合いながら進めるようにした。ただし、②と③については育休中に見直しを図ることになり、最終的には役割分担が変わることになった。その詳細については、後ほど述べることとする。

育休中の主な1日の流れ

ぼくの育休中は、以下のような1日の流れであった。

（家事当番 Aと家事当番 Bは1週間ごとに夫婦で交代する）

6:00

・起床する。

・洗濯機から洗濯・乾燥が終わっている衣類を取り出し、片づける。（家事当番A）

7:00

・朝食の支度をし、朝食後は食器類の洗い物をする。（家事当番B）

・部屋に掃除機をかける。（家事当番A）

8:00
・家族でNHKの朝ドラを観る。
（ここまでに朝の家事を終わらせるという目標になる）
・昼食までフリータイム。ただし、どちらかは娘を見る。

12:00
・昼食の支度をし、昼食後は食器類の洗い物をする。（家事当番B）
・3時ごろまでフリータイム。ただし、どちらかは娘を見る。

15:00
・夫婦でティータイムをとる。（30分程度）
・5時ごろまでフリータイム。ただし、どちらかは娘を見る。

17:00
・お風呂の準備をする。（ぼくの仕事）
・2人で連携して娘のお風呂と大人のお風呂を終わらせる。

19:00
・夕食の支度をし、夕食後は食器類の洗い物をする。（家事当番B）
・お風呂を掃除し、洗濯機の予約を翌朝に仕上がるようにセットする。
（家事当番A）

・家族団らんの時間を過ごす。

21:00

・娘を寝かしつける。

（基本的にはぼくが寝かしつけるが、娘がなかなか眠らない時は妻にバトンタッチし、授乳しながら寝かしつけてもらう）

・夫婦でティータイムをとる。

22:00

・就寝する。

この1日の流れの中に、おむつ交換や授乳といった娘の世話がイレギュラーに入ってくるのであるが、娘は日中とにかくよく寝る子だったことや、妻と2人で育児を分担していたこともあり、ぼくや妻が育児に追われるような1日にはならなかった。そのため、決められた家事をしっかりしておけば、自由に過ごせるフリータイムの時間を十分に確保することができたのである。我が家では大半の家事を朝8時までに終わらせるようにしていたため、朝の家事が終われば、そこからは余裕をもって1日を過ごせたのだった。

フリータイムの時間は家族で外出したり、どちらかが娘を見ておいて、1人で買い物に出かけたりするなど様々なことができた。育休中、ぼくはこのフリータイムを充実させることで、毎日を楽しく過ごせたのである。

育休中に家族でできたこと

育休中に家族でできたことはたくさんあった。まず4月の初めに、家族でお花見に出かけることができた。ベビーカーを押しながら近所の桜並木を歩いたり、桜の木の下に座ってゆっくり食事をしたりした。育休をとるまでのぼくは、4月の初めにこんなに余裕をもって過ごせたことがなかった。新学期の準備に追われ、土日もゆっくりした記憶はない。それが、育休中は4月の平日に、家族でゆったりとお花見をしながら過ごすことができたのである。これは本当に幸せな時間であった。

家族でそろって買い物に行けるというのも育休中のよさであった。生後3～4か月の娘を連れて1人で買い物に行くのは大変である。抱っこ紐を使えば娘を落ち着かせながら両手が使えるようにはなるが、物をとったりしゃがんだりするのは一苦労である。また、レジでお金を払うのも手間取ってしまう。さらに、娘がいると大きな物や重い物を買うのは諦めなければならないこともある。しかし、夫婦で娘を連れて買い物に行くと、そのような心配は無用である。スーパーではぼくが抱っこ紐で娘を抱えながらカートを押し、妻が商品をカゴに入れていけば、1週間程度の食材をまとめて買うことができた。子ども用品店では、娘の服やおもちゃを妻と一緒に見て、夫婦で納得して買い物ができるというよさもあった。

また、育休中は娘を連れた外食に挑戦することもできた。娘が生まれてからしばらくは、家族で外食する機会はお食い初めくらいしかなかったのだが、娘が生後4か月を過ぎたころから、平日の人が少ない時間帯をねらって家族で外食に行くことに挑戦し始めたのである。休日のお客さんの多い時間帯では、娘が泣いて周りに迷惑をかけないか気になってしまうが、平日のお客さんの少ない時間帯なら行ってみようという気になるものである。レストランや定食屋、焼き肉屋など、いろいろなお店に行ったが、娘は意外にもお利口にしており、ぼくも妻も家族での外食を楽しむことができた。

そして、この育休中に家族でできた最も大きなイベントは、娘を連れて県外に1泊2日の家族旅行をしたことである。これは、育休をとっていなければ絶対にできなかったと思っている。妻からの発案で、せっかく育休をとっているのだから行ってみようということで、生後半年足らずの娘を連れた家族旅行に挑戦したのである。旅行先はぼくがいつか家族で旅行してみたいと思っていた京都に決まった。娘を連れて落ち着いて外泊できるのかは不安だったが、インターネットで赤ちゃんも泊まれる宿があるか検索すると、赤ちゃんに対応したホテルや旅館というのはたくさんあるものである。ぼくは、少し奮発して家族3人で1泊5万円ほどする雰囲気のよさそうな旅館を予約した。

そして旅行当日。娘をチャイルドシートに乗せ、車で数時間かけて京都に向かった。高速道路では何度もサービスエリアで休憩をとりながら進んだが、娘は比較的落ち着いていた。サービスエリアは授乳やおむつ交換の施設が充実しており、娘の世話がスムーズにできたこともよかったのかもしれない。早朝に出発したことで、昼過ぎには京都に到着できた。

京都では渡月橋や京都水族館に行ったり、お寺巡りをしたりしたが、ここでも娘はご機嫌であった。急に泣き出すこともあったが、事前におむつ交換ができるトイレや授乳室がある場所を調べていたため、特に慌てることなく対応できた。また、車で移動していたため、近くに施設がない時は車の中で授乳やおむつ交換ができた。

そして京都で泊まった旅館でも、ぼくらは全く困ることがなかった。旅館の部屋には娘がさわって壊してしまうような置物などはなく、おむつ用のゴミ箱やガーゼなど、娘の世話に必要なものが用意されてあったのだ。また、家族3人でも十分入れるお風呂が部屋についており、お風呂場には娘が遊べるおもちゃや、娘を座らせることができるバスチェアも用意されていた。さらに、食事については部屋で食べることができ、他のお客さんに迷惑をかけることもなく、家族でゆっくりと過ごせるようになっていたのである。旅館からは、娘も楽しく過ごすことができるようにと、部屋で遊ぶためのおもちゃを貸してくれたり、娘用の浴衣まで用意してくれたりした。ぼくは、ここまで赤ちゃんのことを考えてくれている旅館があることに感動した。旅館の人や他のお客さんに迷惑になったらどうしようと不安に思っていたぼくを、この旅館はいい意味で裏切ってくれたのである。

だが、そんな至れり尽くせりの旅館で、我が家は事件を起こしてしまった。部屋での夕食中に、娘がウンチを漏らしたのである。おむつからはみ出すほどの大量のウンチである。幸い娘の服が汚れたくらいで、部屋に大きな被害は出なかったが、ぼくは食事を中断してすぐに娘をお風呂場に連れていくことになった。妻はその間に汚れた服を水洗いし、部屋が汚れていないか再度確認した。そしてそのタイミングで、旅館の人が部屋にきてくれた。旅館の人は夕食を下げるかどうかを聞きにきたのであったが、ぼくらの様子を見てすぐに状況を把握したようだった。なんとすぐに替えの下着や服、タオルなどを持ってきてくれたのだ。幸い着替えは多く持ってきていたため旅館から借りずに済んだが、その対応の速さに驚かされた。さらに旅館の人は、明日の朝までに汚れた服を洗濯するとまでいうのである。さすがに申し訳ないと思ったが、是非任せてほしいということだったので、お願いさせてもらった。本当に、素晴らしい対応の旅館であった。

夜、娘は夜泣きもせずにぐっすり寝てくれた。娘にとっても落ち着くことのできる旅館であったのだろう。ぼくは、少し奮発してよかったと改めて感じたのであった。

こうして、家族3人での旅行は大満足の思い出となった。生後半年足らずの娘を連れても旅行はできるのである。育休をとっていなかったら、間違いなくぼくはそのことに気付かなかったであろう。

この他にも、育休中は家族で地域の子どもクラブに参加したり、娘を病院の健診や予防接種に連れて行ったりするなど、家族で一緒に動くことがたくさんあった。育休中、ぼくは家族と一緒に過ごす時間が増えたことで、より一層妻や娘との絆を深められたと感じたのであった。

育休中に挑戦できたこと

育休中の家事分担では、隔週でぼくに料理を作る当番が回ってくる。1人暮らしの期間が長かったぼくは、料理をすること自体には抵抗はないが、大した料理は作れない。大抵肉と野菜を炒めて、調味料で味付けするといった時間がかからない簡単なものしか作ってこなかったからである。しかし、育休中は少し時間に余裕がある。そこでぼくは、育休中の目標として、できるようになりたい料理を2つ決めたのである。

①てんぷらや唐揚げなどの揚げ物料理
②自分で魚をさばく、刺身料理

①の揚げ物については、食べるのは大好きであるが、作るのは怖くてこれまで挑戦してこなかったのだ。高温すぎて調理中にやけどをするのではないか、油がこぼれたら火事になるのではないか、などの不安要素が多かったからである。そこで、ぼくはこの3か月半の育休期間で、揚げ物料理への不安を克服したいと考えたのである。

②の刺身については、小さいころからのあこがれであった。ぼくが子どものころ、ぼくの父は土曜日になると市場に魚を買いに行き、その魚を家でさばき、刺身をはじめとした魚料理を毎週のように作っていたのだ。ぼくは父が魚をさばく姿を見て、子どもながらに「かっこいいなぁ」と思っていたのである。「いつかはぼくも……」と思いながら、結局挑戦してこなかったため、ぼくはこの育休の機会を使って、刺身料理に挑戦しようと考えたのである。

このように目標を決めたぼくは、1週間の料理当番になった時に、揚げ物と刺身を週に1回は作ることにした。そのほかの日の料理は、簡単な手抜き料理であったが、揚げ物と刺身については、毎回調理時間を1時間以上かけて取り組むようにしたのである。

調理の仕方は妻に聞くという方法と、本やインターネットに頼るという方法を併用した。本を読んでわからないところは妻に聞き、妻のやり方ではうまくいかない時はインターネットの動画を見ながらまねをする、といった具合である。意外にも、揚げ物料理は簡単にできることがわかった。一番不安だった油を使う調理も、気を付けてやってみると特に危険なことはなかった。そのため、料理当番が回ってくるたびにレパートリーは増え、唐揚げやチキン南蛮、てんぷらと、毎週楽しみながら揚げ物を作ることができるようになったのである。

一方、苦労したのは刺身である。結論から言うと、ぼくは育休を通して、アジの刺身ができるようになった。なぜアジかというと、妻にアジが一番簡単で安いと教えてもらったからである。ぼくはその安くて簡単なアジの刺身を、3か月ほどかけて、ようやくできるようになったのである。

4月当初は、アジを3枚におろすことに苦戦し続けた。何度妻に教えてもらってもうまくいかず、身がほとんど残らなかったのである。4月中は悔しくて週に2回挑戦することもあったが、何度やってもうまくいかなかった。結局ぼくは、妻から教わった3枚おろしが全くできなかったため、YouTubeで「アジ　3枚おろし」と検索した。すると、3枚おろしには、いろいろな方法があることがわかったのである。ぼくはYouTubeで見付けた最も簡単そうな「大名おろし」という3枚おろしの方法を取り入れた。動画は、何度も見ることができ、ぼくにはこの学び方が合っていたのだろう。iPadをキッチンに置いて、何度もやり方を確認した上で挑戦すると、一発できれいなアジの3枚おろしができたのである。その後も、YouTubeをもとに皮のはがし方や骨抜きの仕方などを学び、5月中旬ごろにはそれなりのアジの刺身が作れるようになったのである。そして慣れてくると、今

度はどんどん早く作れるようにもなってくる。最初は1匹のアジを3枚におろすまでに1時間程度かかっていたが、6月ごろには、2匹のアジを30分程度で刺身にするまでになったのだ。また、7月ごろにはアジの刺身だけでなく、身を細かく切って味噌と大葉を混ぜた「なめろう」という料理や、3枚におろしたアジを揚げた「アジフライ」なども簡単に作れるようになった。

ぼくは、3か月でアジをさばいて様々な料理ができるようになったのだ。妻は、ぼくの成長ぶりに驚いていた。そしてぼくは、アジをさばくことができる自分に大満足したのであった。だが、そこで満足しすぎたためか、ぼくはその後、他の魚には挑戦しなくなり、結局アジしかさばけないまま育休を終えたのであった。

育休中に整理できたこと

育休中は、フリータイムを使っていろいろなことが整理できた。これまで「機会があればいつかやろう」と思いながら、ずっとできていなかったことに、育休という時間を使って取りかかれたのだ。

それが、次のようなことである。

○本籍地の変更
○マイナンバーカードの発行
○車庫証明の変更
○医療保険、生命保険などの整理
○住宅ローンの借換え

これらが後回しになっていた理由は、ほとんどが平日にしかできないからである。役所や警察署、銀行などは平日しか対応してもらえないことが多いため、仕事を理由にこれまでしてこなかったのだ。しかし、この育休中は平日にも動くことができる。そこで、ぼくはこれらを一気に進めていったのである。

まず行ったのは本籍地の変更。我が家が今住んでいるのは妻の地元であるが、我が家の本籍地は結婚した時の手続きにより、県外にあるぼくの地元になっていたのだ。本籍地が県外になると、様々な面倒が生まれる。保険や住宅ローンの手続きなどで戸籍情報が必要になった時、すぐに発行できないのである。戸籍謄本などは、わざわざぼくの地元の役所に連絡し、必要書類と返信用封筒を入れて郵送しなければならないのだ。戻ってくるのに1週間程度かかってしまうこともある。これは、今までずっと面倒であった。結婚後、数年してからマイホームを購入し、今後引っ越しをすることがなくなったため本籍地を変更しようと考えていたのだが、手続きは平日に役所に出向いて行わなければならないこともあり、数年間してこなかったのだ。だからこそ、ぼくはこの育休を利用して手続きをすることにしたのである。

この本籍地の変更とともに進めたのが、マイナンバーカードの発行である。娘が生まれ、住民票や印鑑証明などの証明書を発行する機会が増えたことで、マイナンバーカードの発行を考えるようになったのだ。マイナンバーカードがあれば、これらの証明書は役所に行かなくてもコンビニから発行できる。そこで我が家では、娘も含め、家族全員マイナンバーカードを作ることにしたのである。

本籍地の変更は、ぼくの地元の役所とやり取りしたあと、こちらの役所に出向いて手続きを行った。ぼくの地元の役所とはやり取りに時間がかかったが、平日に電話ができることや、こちらの役所にはいつでも出向くことができたため、大きなストレスもなく手続きをすることができた。

マイナンバーカードの発行は、インターネットで申請して、後日役所に受け取りに行くことで手続きが完了した。これは意外にも簡単に手続きができるものであった。

次に行ったのが車庫証明の変更である。本来はマイホームを購入した時に変更していなければならなかったのだが、うっかり忘れていたのである。ぼくの車は、まだ以前住んでいた住所に登録されたままになっていたのだ。この手続きは警察署で行わなければならず、これも仕事を理由にしていなかったのである。

育休中、平日に警察署に行くのは不思議な気分だったが、ここでも書類を提出することで簡単に手続きを済ませることができた。手続き自体は時間がかからないものなのである。そう思うと、早く手続きをしておけばよかったと思うのだが、やはり平日に行かなければならないということが、この手続きをする上での大きなハードルとなっていたのである。何はともあれ、ぼくは無事に車庫証明を変更できたのであった。

保険については、娘が生まれたことで妻と改めて相談して整理することにした。我が家では娘が生まれる3年ほど前に、将来に向けた貯蓄や、もしもの時の生活の計画について十分に検討し、医療保険や生命保険に加入していたが、今回はそれに加えて、娘の将来にむけた貯蓄を目的とした保険を検討することにしたのである。

そこでぼくと妻は、平日に何度か時間をとってファイナンシャルプランナーに相談に行った。夫婦で一緒に相談・検討ができたため、ぼくらは納得して娘のための保険を選ぶことができた。また、娘の保険を検討していく中で、我が家の家計や将来設計についても改めて夫婦で確認することができた。保険については、1か月ほどかけて検討し、手続きが完了した。

そして、これらの手続き以上に最も時間がかかった手続きが住宅ローンの借換えであった。実は数年前にマイホームを購入した時に、唯一不満だったのが住宅ローンであったのだ。具体的に言うと、住宅ローンを担当した銀行員の対応が不満だったのである。住宅会社の紹介だったのだが、信頼できるような対応ではなかったため、今後この銀行と付き合っていくことに不安があったのだ。ただ、当時は諸事情もあり時間がなかったため、ぼくは仕方なくその銀行を選んだのであった。そんな中、育休中に保険の整理をしているうちに、ぼくは住宅ローンの返済計画についても考え直してみたいという思いに駆られ、住宅ローンのことを調べてみたのである。すると、住宅ローンには「借換え」という方法があることがわかったのだ。

借換えとは、お金を借りている銀行を返済の途中で変えるということである。つまり、住宅ローンの銀行は後からでも変えることができるのだ。これは、ぼくにとって魅力的な情報であった。しかし、詳しく調べてみると、借換えは手続きに時間がかかる上に、手数料までかかるというデメリットがあることがわかった。一方で、借換える銀行によっては、ローンの返済額が少なくなるというメリットもあるというのだ。詳しい仕組みはここでは書かないが、要は手続きは面倒だが住宅ローンの銀行を変えると、返済額を減らせるかもしれないということなのである。

そこでぼくは、この育休中の時間を使って、今の銀行から違う銀行に借換えることにしたのである。ぼくはひたすらインターネットで様々な銀行を比較し、今の返済額からどのような変化があるのかを調べたのだ。すると、ある銀行に借換えた場合、手数料を差し引いても、返済額が１００万円近く少なくなることがわかったのである。

さらにその銀行の住宅ローンには、もしぼくが返済中に癌と診断されたら、残っている住宅ローンの返済額が半分になるという、今の銀行にはない特典があったのだ。ぼくは娘が生まれてから、将来についてより慎重に考えるようになっていたこともあり、もしもの時の保障があるこの銀行に借換えることを決断したのである。

手続きは確かに面倒であった。今借りている銀行に何度も出向き、そのたびに引き留められ、借換える銀行とも何度もやり取りをする必要があった。提出書類も多く、仕事をしながらでは到底できるようなことではないと感じた。これも、育休だからこそできたことである。

手続きには2か月ほどかかり、借換えが完了するころには精魂尽き果てていた。

だが、ぼくは無事に借換えができたのであった。

結果的に、住宅ローンの返済額は100万円近く少なくなった。そして、何かあった時の保障があるという安心感も得ることができた。大変ではあったが、ぼくは借換えができてよかったと感じている。

ちなみにこの借換えによって、育休で減少するはずだった我が家の収入は、長い目で見ると十分すぎるほどのプラスになった。育休中には収入を増やすことはできないが、未来の支出を減らすことはできるのだ。我が家の場合は、未来の支出を大幅に減らすことに成功したため、育休による金銭的ダメージをなくすことができたのである。

育休中に保活スタート

育休中は、ぼくも妻も家にいるため、娘のことについて家族会議を頻繁に行っていた。その中でも、最も時間を費やしたのが「保育園」である。

妻と共働きの我が家は、妻が職場復帰する際に娘を保育園に預ける予定であった。妻は娘が1歳になった後の4月に保育園に入園することができるよう、その翌月の

5月に職場復帰する予定で育休を取得していた。ぼくの育休中から考えると、約1年後に保育園に入園するということである。

ぼくの育休がスタートして2週間ほど過ぎたころ、妻から

「保育園について考えたいんだけど。」

と相談があった。正直ぼくは、1年後のことを今から考えるのは早すぎるのではないかと思ったが、妻から話を聞いたり、保育園について自分で調べたりしてみると、その考えは変わっていったのである。

保育園には「認可保育園」と「認可外保育園」とがある。一概にどちらがよいというわけではないが、保育料に関しては認可保育園のほうが安く設定されていることが多い。また、入園の申し込みについても違いがあり、認可保育園は自治体が管理しているため役所に申し込まなくてはならないが、認可外保育園は民間の保育園であるため保育園に直接入園の申し込みをするという仕組みになっているのである。

当然、人気なのは保育料の安い認可保育園であり、我が家も認可保育園に入園させたいと考えていた。しかし、我が家はここで、大きな壁にぶつかることになった。待機児童問題である。

実は、ぼくの住んでいる地域は、当時全国でも屈指の待機児童数を誇っていたの

だ。そのため、認可保育園に入園できない子どもは非常に多く、認可外保育園も簡単に入園できるとは限らない状況だったのである。

一方で、保育園での虐待などが社会問題化していたため、入れる保育園ならどこでもいいという考え方はもつことができず、保育園選びは慎重にしたいという思いがあった。そうなると、納得して入園の申し込みができる保育園の候補を、できるだけたくさん考えておく必要があったのだ。そこで、我が家は育休中のぼくが家にいる間に、夫婦でしっかり話し合って入園の申し込みをする保育園を考えていくことにしたのである。

こうして我が家は、1年後の保育園入園に向けて、4月の段階から「保活」をスタートさせたのであった。

保育園について調べる

まず保育園について何も知らないぼくは、保育園へ入園する仕組みを調べるところからスタートした。すると、ぼくの住んでいる地域では、次のようになっていることがわかった。

- 保育園に入園できるのは0歳〜5歳
- 園によっては、生後3か月から預けられる園もあれば、生後6か月以上でないと預けられない園もある。また、2歳までしか預けることができない小規模保育の園もあるなど、それぞれの園によって預かってもらえる月齢や年齢の範囲が違う。
- 入園は年度初めの4月に入園する「4月入園」と年度途中に入園する「途中入園」がある。基本的には、どの園も4月入園でほとんどの子どもが入園する。途中入園は子どもの転園など、保育園の定員に空きが出た時だけ入園が可能となる（そのため、妻は4月入園を考えて5月に復帰する育休を取得していたのだ）。
- 4月入園については、認可保育園の申し込みが前年の11月ごろに行われ、認可外保育園は園によって申し込み時期が異なる。早いところは前年の9月ごろから申し込める園もある。
- 途中入園については、認可保育園も認可外保育園も随時申し込みを受け付けているが、定員に空きが出ていないと申し込んでも入園することができない。

そして、ここからが少しややこしく、待機児童問題に関わってくる話になる。

●認可保育園は、入園を希望する園を第3希望まで申し込める。

●認可保育園は、入園を希望する園の定員より申し込み数が多くなった場合、保育の必要性を数値化した世帯ごとの点数が比べられ、点数の高い世帯の子どもが優先的に入園する。

●認可外保育園は、園ごとに入園の条件を設定している。

ややこしいのは認可保育園である。認可外保育園の申し込みは、入園の条件を満たしていれば申し込みの早い順番に入園できることがあるが、認可保育園ではそうならない。入園の可否を分けるのは点数なのである。この点数は、世帯で働いている時間や、祖父母と同居しているかなどによって変わり、保育の必要性が高いと判断されるほど点数が高くなるのである。例えば、一人親の世帯や、兄姉が保育園にすでに通っている世帯の場合などは、保育の必要性が高いと判断され、保育園に入園しやすくなるよう、点数が高くなる設定になっているのだ。

待機児童となる多くの場合は、4月に認可保育園への入園を希望していたが、希望する園に点数の関係で入園できないことから始まる。そして、そこから認可外保育園を探しても、すでに定員が埋まっていて、どこにも入園できないという状況になるのである。

ぼくは、娘が待機児童になるのだけは避けたいと考えていた。もし娘が待機児童になった場合、我が家では妻が育休を延長することになる。しかし、それは仕事に復帰したい妻を苦しめる上に、いつ入園できるかわからない不安とともに過ごさなければならないことを意味しているのである。実際、自分の子どもが待機児童になったことで、職場復帰を諦めざるをえなくなり、専業主婦になったという母親も世の中にはたくさんいるのだ。我が家は、それだけはどうしても避けたかったのである。

保育園への入園の仕組みがわかったことで、いよいよ入園の希望を申し込む保育園を選んでいく段階になった。我が家では、認可保育園と認可外保育園、どちらも調べていくことにした。

はじめに調べたのは、保育園の場所である。家からの距離や妻の職場からの距離、ぼくの職場からの距離などを考え、無理なく送り迎えできる範囲の保育園に絞った。次に考えたのが、園の雰囲気である。安全に楽しく娘が通えるのであれば問題ないが、保育士さんが高圧的に子どもに接していたり、不衛生な環境であったりすると、安心して預けることはできない。そこでここからは、自分達の足を使って調べることにした。

まず我が家は、送り迎えができる範囲の保育園に片っ端から電話をかけていき、園の見学をお願いしたのだ。保育園の中には、随時見学を受け付けている園もあれば、月に1度程度、見学できる日を設けている園もある。ぼくらは3週間かけて、ほぼ毎日保育園の見学スケジュールを入れた。ただし、娘も連れていくため、1日1園を目安に見学するように設定した。

実際に保育園に行って保育の様子を見たり、保育士さんに話を聞いたりすることで、園によって保育方針や子どもの様子が全く違うことがわかった。また、丁寧に説明してくれる園もあれば、パンフレットを渡されるだけの園もあった。ぼくと妻は、毎日話し合いながら、申し込む保育園の候補を徐々に絞っていったのである。

その過程で同時に調べたのが、それぞれの保育園の人気である。人気のある保育園は申し込みが殺到し、認可保育園の場合は点数によって入園できない可能性がある。そこでぼくらは役所に出向き、保育園の担当者に直接尋ねることにしたのである。やはり実際に出向いて話を聞くと、たくさんの情報が得られるものである。ぼくらは候補にあげていた認可保育園の昨年度の入園情報として、入園できた世帯の最低点数や、入園できた人数などを細かく聞くことができた。これらも踏まえて、ぼくらはさらに候補を絞っていったのである。

その結果、認可保育園は夫婦で納得して第3希望までに絞ることができ、認可外保育園も安心して預けられる園として2つの園に絞ることができた。

わずか1か月程度の検討期間であったが、夫婦で育休中だったため、娘を連れて保育園や役所に向かいやすく、夫婦でしっかり相談しながら検討できた。もしぼくが育休中でなく、妻だけが保活をしていたら、夫婦で納得するのにはもっと時間がかかったはずである。保活は、夫婦で行動できることが強みになるのだろう。

そして、ぼくらは候補に絞った5つの園に、娘が1歳の4月に入園できるよう申し込むことにした。ただし、これでもまだ待機児童になる可能性がなくなったわけではない。そこで、ぼくらは娘が待機児童にならないために、更なる保活を進めていったのである。

途中入園の可能性を探る

保育園について調べていく中で、妻が前提として考えていた4月入園について、改めて考えてみることがあった。4月入園は最も受け皿が大きい一方で、1歳児の入園は激戦なのである。雇用保険で認められている育児休業給付金は、基本的には子どもが1歳になるまでであり、職場によっては、制度上は可能でも実質的には2年も3年も育休をとれないところがある。そのため、働く親は子どもを1歳で入園させることが多くなるのだ。実際、待機児童の多くは、1歳児なのである。

一方で、調べていくうちに、ぼくは0歳児入園という道もあることに気が付いた。0歳児入園と聞くと、生まれて間もない子どもをすぐに保育園に預けているように感じるかもしれない。実際、1歳になるまでは親が育てるべきという考えもあるだろうし、我が家も自分では何もできない0歳の段階で保育園に預けることには抵抗があった。しかし、□歳児という言葉は、4月時点の年齢で決められている。そのため、子どもが1歳になる年度は基本的に0歳児であり、1歳になっても、4月を迎えるまでは0歳児なのである。

そこで目を付けたのが、0歳児の途中入園である。ぼくらは役所に行った時に、昨年度の認可保育園の4月入園の状況だけでなく、途中入園の状況も尋ねていた。途中入園は1か月単位で募集されているのだが、毎月どの園に、何人程度の途中入園があったのかを教えてもらったのである。すると、ほとんどの認可保育園では途中入園がされていなかったのだが、ぼくらが入園を希望している園の中に、0歳児の途中入園が数回行われ、年間で5人程度入園していた園があったのである。これは、昨年たまたま空きが出ただけなのかもしれないが、この実績があったことで、我が家では0歳児の途中入園も一つの可能性として見出すことができたのである。また、0歳児の途中入園については、競争率が低いこともわかった。認可保育園の0歳児の途中入園における世帯の最低点数は、1歳児の4月入園に比べて大きく下がっており、入園希望者は一つの園について数人程度しかいなかったのである。これは、多くの親が育休終了期間を4月入園に合わせて設定しているためだと考えられる。ぼくの住んでいる地域の現行の制度では、認可保育園には育休中の親は育休終了月かその前月からしか預けることはできず、認可保育園の途中入園を前提として育休復帰の時期を設定していると、多くの場合で希望の園に入園できないのである。途中入園ができなかった場合は、職場に育休の延長を申請すれば引き続き育休をとれるという制度はあるが、職場に迷惑がかかることを考えて、とりあえず受け入れてくれる認可外保育園を探して預けるということになりやすいのである。

これらを踏まえ、我が家の場合はどうするのがよいかを妻と話し合った。我が家としては、4月入園が大本命である。ここでの入園を目指すことに変わりはない。一方で、子どもが1歳近くまで成長していれば、0歳児の途中入園でも抵抗はないということも確認した。そこで我が家では、4月入園を目指しながら、0歳児途中入園も視野に入れるという方法をとったのである。

妻の職場は、妻が早期に復帰することには歓迎であり、遅くとも当初予定していた5月までに復帰してくれればよいと考えてくれていた。そこで妻は職場と相談し、育休終了期間を娘が1歳になるころに前倒ししてもらったのである。その際、保育園に入園できなかった場合は復帰時期が1か月単位で遅れることも了承してもらった。そうすることで、我が家は0歳児の途中入園を探りながら、4月入園を目指すことが可能になったのだ。

我が家における娘の保育園入園計画をまとめると、次のようになる。

① 娘が1歳に近づいた0歳10か月のころから認可保育園の途中入園を目指す。

②認可保育園への4月入園を目指す（本命）。
③認可保育園に入れなかった時のために、認可外保育園の4月入園の内定を目指す（もちろん、認可保育園との併願を認めてくれている園に限る）。

ここまでやってダメだったら、仕方がないと思うことにしよう。ぼくと妻はそう考えて、この3つの入園計画を進めていったのである。

コラム 5

認可保育園と認可外保育園

認可保育園と認可外保育園の違いは、児童福祉法に定められた基準を満たし、国から認可されている保育園かどうかということである。施設の広さや保育環境など、国の定める厳しい基準を満たしている保育園が認可保育園ということになる。

認可保育園は、保育される人数に対して、保育士の人数や、施設の面積、設備などが法律によって決められており、国や自治体から運営費の支給を受けて運営されている。そのため、子どもが入園できるかどうかは自治体の選考によって決定されるのである。

一方、認可保育園以外の保育園を認可外保育園という。認可外といっても、国の認可基準を満たしていないだけで、各都道府県で定めている基準に基づいて知事からの認可は受けている。例えば、東京都であれば「認証保育園」というものがあり、これは東京都の認可基準を受けている認可外保育園にあたる。また、企業が従業員向けに設置した企業主導型保育園も、認可外保育園である。認可外保育園は、認可保育園と違い、保育園側が独自で運営しているため、子どもが入園できるかは保育園の選考によって決定されている。

認可保育園と認可外保育園では、それぞれにメリットが存在する。認可保育園の保育料は利用者の世帯所得に応じて算出される住民税によって自治体が決定するが、認可外保育園は各園で運営に必要な額を独自に設定しているため、認可保育園に比べて割高の傾向がある。そのため、保育料に関しては、認可保育園のほうがメリットは大きいであろう（ただし、２０１９年10月に始まった幼保無償化により、３歳児以上の保育料については、認可保育園は保育料が無償に、認可外保育園は月額３７０００円まで補助されることとなった）。

一方、認可外保育園にもメリットはある。認可保育園は各自治体によって保育の必要性の認定を受けた家庭が利用できるが、認可外保育園では、自治体に保育の必要性の認定を受けずとも、子ども同士の交流をもたせるなどの目的で入園の申し込みをすることが可能なのである。また、認可外保育園は保育料やサービス内容を保育園側が自由に設定できるため、園独自の特色が出しやすく、英語や知育に力を入れていたり、延長保育の時間が長く設定されていたりすることがある。そのため、認可外保育園のほうが子どもを預ける上でメリットが大きいと考える人も多いのである。ちなみに、認可外保育園の中には、認可基準を満たしていても独自の教育方法のためにあえて認可外にしている保育園もあると言われている。

コラム 6

認可保育園の入園の仕組み

全国の認可保育園は、「より保育園に入る必要性が高い家庭」から優先的に入園できるような仕組みになっている。必要性の高さについては、どの自治体もポイント制になっており「選考指数」と呼ばれる点数を基準にして、各世帯がどれだけ保育を必要としているかを数値化している。

選考指数は「基準指数」と「調整指数」の合計点からなっている。この指数の内容は自治体によって異なるが、この点数が高いほど保育の必要性が高いとされ優先的に入園できるようになる。しかし、この点数が同点で並ぶ場合も多いため、そうした場合にどの家庭を優先的に入園させるかという「優先順位」を決めている自治体も多い。具体的にどのような条件を優先するかといった基準は、自治体によって異なっている。

基準指数

基準指数とは、就労状況（フルタイム勤務か、就学かなど）や健康状態（病気や障害など）といった、保護者の基本情報をポイント化した点数。

《例》就業の有無／就業時間／就職予定／病気による入院や障害の有無／介護が必要な家族の有無　等

調整指数

調整指数とは、家庭の状況に合わせて、加点・減点の調整をする点数。

《例》希望する保育園に兄姉が在園中（加点）／就労中で既に認可外保育園やベビーシッター利用などの実績がある（加点）／同居の祖父母がいる（減点）　等

優先順位

優先順位とは、基準指数と調整指数の合計点が同点になる希望者がいた場合に入園できる人を決定するための順位づけのこと。自治体によっては公表されていないこともある。

《例》自治体の居住歴が長い世帯を優先する／所得が低い世帯を優先する　等

保活の結果

さて、これは育休が終わった後のことであるが、我が家の保活の結果について書いておきたいと思う。我が家の保活の結果は……見事、保育園に入園できたのである！秋ごろには認可外保育園の4月入園の内定をもらうことができ、年明けには認可保育園の4月入園で奇跡的に第1希望の園に内定が出たのである。認可保育園の途中入園は叶わなかったが、結果的には我が家にとって一番望んでいた状況になった。認可保育園の内定が決まった時、ぼくと妻は大いに喜んだ。そして、自分達の保活をふり返ってお互いを称えあったのであった。

また、我が家では認可保育園の途中入園を目指したことで、思わぬ産物があった。それは、育児休業給付金である。現行の制度では、育児休業給付金は子どもが1歳になるまで支給される。しかし、保育園に入園できないなどの理由で育休を延長した場合は、延長した期間中も育児休業給付金が支給される（最長子どもが2歳になるまで）という規定があったのである。

その手続きは、育休を延長する際に、職場に保育園に入園できなかったという通知を添付すればよいだけである。我が家の場合、当初の予定では娘が1歳になった

12月末から妻が復帰する5月末までの5か月間は、保育園に入園する計画がなかったため、育児休業給付金が支給されないはずだった。しかし、途中入園を目指したことにより、毎月役所から保育園に入園できなかった通知が届いたのである。そのため、12月以降も妻は育休を延長する際にその通知を職場に提出することで、育休が終わる5月末まで育児休業給付金が支給されたのであった。1歳になった娘のための買い物も増えてくる中、我が家の家計にとっては、非常にありがたい給付金となった。途中入園を目指したメリットは、思わぬところにもあったのである。

また、保育園入園後にも育休による金銭的メリットがあった。それは、保育料である。娘が入園したのは認可保育園であったため、保育料は世帯の住民税をもとに決定される。住民税とは、前年の所得をもとに算出されるのであるが、ぼくと妻が育休中に受け取っていた育児休業給付金は「所得」として扱われなかったのである。そのため、必然的にぼくと妻の育休中の所得から算出される住民税は、例年より少なくなっていたのだ。その結果、我が家は保育園の保育料が一時的に安くなったのである。金額的なメリットでいうと、月に1万5000円ほど安くなる期間が1年間も続いたのである。妻だけでなくぼくも育休をとったことが、こんなメリットにもつながっていたのだ。本当に、ありがたいことである。

育休中のピンチ

さて、ここではぼくの育休中に起こった最大のピンチについてお伝えしようと思う。その最大のピンチとは、妻が入院したことである。

5月の初めごろ、妻に悪性の腫瘍が見つかったのだ。幸い、早期の発見だったことと、転移の可能性が低いことから、手術をすれば完治する可能性が高いという診断であった。妻とぼくは話し合った。そして、妻は手術を受けることになった。手術日は1か月後の6月初旬に決まり、医師からは手術に伴う入院期間が1週間程度は必要であると告げられた。

妻が入院することになったため、我が家では約1週間ぼくが1人で娘の世話をすることになった。ぼくは、妻の入院中にどのように娘と過ごしていけばよいかを考え始めた。

まず考えなければならなかったのは、入院中は家に妻がいないということへの対応である。入院するのだから妻がいないのは当たり前であるが、娘にとっては一大事である。まだ娘は母乳しか栄養源がない。その母乳を出す妻がいないのである。そのため、完全母乳で育てるという我が家の方針は、ここで考え直すことになった。

我が家は、母乳と市販のミルクを併用することにした。妻の入院までにミルクも飲めるようにしておき、入院中はぼくがミルクを与えるのである。そのため、これまで授乳はすべて妻の役割であったが、この1か月の間にぼくが娘にミルクを飲ませられるようになる必要が出てきたのだ。ぼくは、1か月かけて娘にミルクを与える練習をした。最初は娘が嫌がりうまく飲ませられなかったが、次第にミルクに慣れてきたのか、娘は喜んでミルクを飲んでくれるようになった。

ぼくがミルクを飲ませられるようになり、妻には余裕ができた。授乳の回数が減ったことで、妻はこれまでほとんどできていなかった1人での外出ができるようになったのだ。また、娘が夜泣きをした時に、ぼくがミルクで娘を落ち着かせることもできるようになったため、妻の負担が軽減されたのである。ただ、できるだけ母乳で育てたいという妻の気持ちもあり、入院中にずっとミルクになることに妻は少し抵抗があるようだった。そこで、妻の入院中は、妻が事前に搾乳し冷凍しておいた母乳を解凍して飲ませるということにした。この方法は様々な育児本にも紹介されているものである。入院中は、冷凍しておいた母乳がなくなればミルクを使うということで、妻も納得した。

次に問題になったのが、娘のお風呂である。そもそも1人で入れるのが大変だか

らという理由で2人体制にしたのだが、妻の入院中はぼく1人で入れることになる。そこで我が家では、当初の計画を見直し、

「娘のお風呂は1人で最初から最後までする。」

と変えたのである。これは、妻の入院中だけでなく、ぼくの育休後や妻の育休後も考えると、ずっと2人ではできないため、今のうちにお互い1人でできるようにしておくことが必要だという考え方にシフトしたからである。これにより、料理をしない家事当番Aは娘をお風呂に入れるという役割になった。

育休前に妻が言っていた通り、1人でお風呂の世話をするのは大変であった。最も大変だったのは、自分が体を洗っている時である。生後4、5か月の娘は、立つことはできないが、寝返りはできる。小さなベビーバスで待たせることもできるのだが、もしも寝返りをしてお風呂の床に頭をぶつけたら、もしもシャワーの水が顔にかかって泣き叫び始めたら……などと考えると、ぼくが体を洗っている間に娘を一緒にお風呂場で待たせることはできなかったのである。そこで、我が家では脱衣所でバウンサーというゆりかごのような椅子に娘を座らせ、ぼくが体を洗っている間は1人で待たせるようにした。そして、ぼくが自分の体を洗い終わると、脱衣所から娘を抱きかかえて、お風呂場に入れて洗う、というやり方をした

のである。しかし、やはり娘は1人では待てないのだ。機嫌がよい時はいいのだが、そうでない時は、1人になると泣き叫ぶことがある。お風呂で自分の体を洗っている時に、外から娘の大きな泣き声が聞こえると、落ち着いて自分の体も洗えないのである。

また、お風呂を出た後も大変である。体をふき、おむつを替え、服を着せる。文字にすると簡単そうに感じるが、寝返りを覚えた娘は簡単に言うことを聞いてくれない。おむつをつけるのにも、一苦労である。当然、その時ぼくはまだ服も着ていない状態である。

しかし、これも続けていくと慣れるものである。着替えやタオルを置く位置を日々調整することで、おむつをつけたり服を着せたりすることが効率的にできるようになったのである。また、娘を脱衣所で待たせる時には、お風呂場から声をかけ続けることで娘を安心させることもできるようになった。こうして、娘を1人でお風呂に入れるという大変さは徐々に解消されていったのである。

その他にも、大変になることはいくつか想定されたが、妻と相談しながら準備をしていく中で、数日間であれば、ぼくは娘と2人でも何とかなりそうだという見通しがもてるようになった。

こうして、我が家では妻の入院中に向けた準備が着々と進んでいった。そして、妻の入院の日は1日1日と近づいてくるのであった。

妻、入院

6月初旬、妻が入院した。入院中は手術の前日と手術日は面会ができないことになっていた。また、赤ちゃんを連れての面会は、なるべく短くするようにとも言われていた。妻は苦しかったと思う。娘が生まれてから毎日ずっと一緒に過ごしていたにも関わらず、突然数日間会えなくなるのである。妻は手術の不安とともに、娘と離れる寂しさも感じていたと思う。

一方、家ではぼくと娘の2人での生活が始まった。といっても、妻のお母さんが心配して娘の面倒を見てもらえることもあったため、日中は娘の世話に大きく困ることはなかった。妻がいない寂しさから、娘が泣いたり暴れたりしないかと心配していたが、娘は意外にもお利口に過ごしていた。解凍した母乳をおいしそうに飲み、夜もぼくの横でぐっすり眠っていた。夜泣きをすることはほとんどなかった。育休中は、妻と同じくらいぼくも娘と一緒にいられたため、娘は妻の入院中もぼくがいることで安心してくれたのかもしれない。

娘と2人で過ごしていると、娘が何かを訴えてくるのがよくわかるようになった。おむつを替えてほしかったり、ミルクをほしがったりすると顔で訴えてくるのだ。また、一緒に遊んでいると笑顔になり、声を出して笑う。一緒にいることで、ますます娘との距離が近づいたように感じた。ただ、妻との面会に行くと、娘は妻におもいっきり甘える。やはり、父は母にはかなわないものである。

手術は無事に終わり、妻は5日間の入院の末、家に帰ってきた。手術は成功し、妻は普段通りの生活に戻ることができた。入院したことで、妻はますます娘に愛情を注ぐようになり、ぼくもますます妻と娘を大切に思うようになった。そしてぼくは、娘と2人で過ごせたことに自信をもった。家事は大変だったが、妻がいなくても何とかできたのは成長であろう。ただ、この経験があったことで、その後のぼくの育休中、妻はますます気兼ねなく外出をするようになった。まぁ、それまではぼくが外出することも多かったから、仕方ないか……と思いながら、ぼくはしばらく家で娘と過ごす時間が増えていったのであった。

家で過ごすことが多かった育休中、ぼくは仕事に向けてもいくつか取り組んだことがあった。復帰後も、さらに仕事には力を注ぎたかったからだ。ぼくは、仕事に関して育休中にやっておきたいことを、事前にいくつか考えていたのである。

一つ目は、読書だ。ぼくは本を読むのが好きではないが、自分が必要だと思った情報は集めて読むようにしていた。そして、読んで役に立ったと思った本だけは家に残し、そうでない本は捨てるようにしていた。サラリーマン時代も含め、社会人になって10年ほど働いている間に、ぼくの部屋には本がだいぶ増えていた。大体200～300冊くらいである。これらは、ぼくの知の財産であるが、これまではあまり読み返す機会というのをとれていなかった。特に教師になってからは、大阪でサラリーマンをしていた時に読んでいた本を読むことはほとんどなくなっていた。そこで、ぼくはこの育休中に、読み返すことが少なかった本をもう一度読んでみようと考えたのである。ぼくは、本棚から100冊くらいの本をピックアップした。100冊読むというと、膨大な時間がかかると思うかもしれないが、ぼくは一言一句読むわけではなく、ある部分を中心に読むようにしたのである。

実はぼくは本を読む時、気になったところや納得したところにペンで線を引いている。読み終えた直後に、もう一度線を引いたところを読むことで、自分が感じたことを頭の中に残していくためである。そのため、ぼくの本棚にある本は、そのほとんどに線が引いてある。ぼくは育休中、基本的に線を引いてあるところを中心に100冊の本を読むようにしたのである。

一度読んだ本というのは、数年経っても覚えているものである。そもそも、印象に残った本だけしか本棚に残していないため、当然といえば当然である。そのため、線を引いている部分を読めば、その当時に感じていたことや思っていたことを思い出せたのである。本というのは、育児をしながらでもちょっとした隙間の時間で読める。娘が寝た時や妻が授乳をしている間などを、有効に活用できたのだ。4月の初めから時間のある時に読み始めたが、5月の終わりごろには約100冊の本をすべて読み終えることができていた。改めて読んで刺激になったのは、やはりサラリーマン時代に読んでいた本であった。利益を生み出すための企画の考え方や、お客様を喜ばせるために必要な心構えなどは、子ども達に授業する教師の仕事にもつながることが多い大切なことだと改めて気付かされたのである。また、スティーブン・R・コヴィーの『7つの習慣』（キングベアー出版）やデール・カーネギーの『人を動かす』（創元社）といった人生哲学の名著に書かれていることは、社会人としてどんな仕事をしていても役立つものだと感じ、自分自身の生き方を見直すいい機会になった。さらに、育休中は新しく本を購入して読むこともできた。普段はゆっくりと書店で本を探したりすることはないが、育休中は何度か書店に出向いたり、インターネットで気になる本を検索したりして、今後の仕事に活かせそうな本を選んで読むことができたのである。

育休中にできた二つ目の仕事に関することは、研究授業の構想である。ぼくの職場では、年に数回、県内外から多くの教育関係者が参観に来る研究授業を行っている。ぼくが復帰する二学期にも行われる予定になっていた。毎年、ぼくはどんな授業を公開するか時間をかけて考えるのだが、普段は仕事を行いながら考えるため、時間が足りないと感じることが多かった。そこでぼくはこの育休中に、二学期に公開する予定の研究授業の構想に時間を使うことにしたのである。２０１８年度は、国が定めた教育内容の基準である学習指導要領が改訂されてから間もない時期であったため、ぼくは改訂された学習指導要領を読み込んだり、これまでの学習指導要領からどのように変化したかを比べたりすることに時間をかけた。また、様々な実践事例を調べることにも多くの時間を使った。結果的にぼくは、仕事をしている時よりも何倍も深く勉強することができ、頭の中は研究授業のアイデアがいくつも浮かぶようになった。これは、普段の仕事に追われている時の頭の中とは、全く違う感覚だった。育休中のぼくは、研究授業の構想を楽しんで行うことができたのである。実際、育休が終わるころには構想だけでなく、研究授業の具体的な内容まで細かく考えて、書面にまとめることができていた。

また、ぼくは育休中に研究授業だけでなく、普段の授業の内容や運動会などの行事の進め方の改善案も考えることができた。普段の授業については、これまでうまく進められていなかった教材やまだ挑戦できていない教材があったため、それらについても本やインターネットで情報を集めたのである。また、二学期に行われる運動会についても、毎年反省があがりつつも準備に追われて改善しきれていない部分があったため、ぼくは家で運動会の運営における改善案を考えておいたのだ。

このように、ぼくは育休中も仕事をしていたのである。仕事人間のぼくにとって、仕事をすることは楽しみの一つなのだ。育休中にも仕事をしたことで、ぼくは二学期に職場復帰することが楽しみになっていったのであった。

職場復帰後に改めて気付くことになるが、この育休中にできた仕事に関する取り組みは、ぼくを大きく成長させたと思っている。成長させたという表現より、頭を整理することができたというほうが適切かもしれない。これまで日々の仕事に追われて忘れていた、仕事に取り組む上での大切な考え方や、一つのことをじっくり考えることの楽しさを、改めて確かめることができたのである。これは、その後のぼくの働き方にも大きく影響を与えることになった。

育休中に役立った育児アイテム

ぼくは育休中、かなり自分の時間をもてたと感じている。妻と2人で育休をとっていたからというのが一番の理由ではあるが、妻の入院中や妻が外出中などの、ぼくと娘が2人で過ごす時であっても、自分の時間を確保することができていた。それは、ぼくの育休生活を支えたいくつかの育児アイテムがあったからである。ここでは、特に育休中のぼくを支えた2つのアイテムを紹介したいと思う。

まず、最も役立った育児アイテムは、電動のハイローチェアである。ハイローチェアとは、小さなベビーベッドのような形をしているのだが、名前の通り、角度を変えて椅子にしたり、高さを自由に変えたりできるものだ。大きな特徴は、ベルトで赤ちゃんが落ちないように固定できる上に、ベッドの形にしている時にはゆりかごのように揺らせることである。赤ちゃんはゆりかごのように揺らされていると眠くなりやすく、我が家では娘をハイローチェアに乗せて揺らしていると、すぐに眠ることが多かった。我が家のハイローチェアは電動であったため、自動で揺れるゆりかご機能があるだけでなく、オルゴールのような音楽を流せる機能も搭載されていた。そしてこれらの機能のおかげで、ぼくは娘がぐずってもハイローチェアに乗せてスイッチを押すだけで、5分程度で寝かしつけることができるようになったのである。母乳が出ない父親にとって、娘の寝かしつけは難しい育児の一つであるが、このハイローチェアのおかげで日中の寝かしつけはかなり楽になった。ハイローチェアで寝ている間は落下の心配もないため、ぼくは娘が見えるところにいさえすれば、安心して自分の時間をもつことができたのだ。本当によく寝る娘だったので、ぼくは娘を寝かしつけて隣で本を読んだり、パソコンで作業をしたりしていたのである。

この電動のハイローチェアは、実はかなり高価なもので定価だと数万円するのだが、我が家では運よく、妻の職場の上司が「もういらないから」と譲ってくれたのである。また、妻の上司からは他にもたくさん譲ってもらっており、お風呂の時に娘を脱衣所で待たせるために活躍したバウンサーも、この上司から譲ってもらっていた。本当に、妻の上司には感謝してもしきれない思いである。

次に、もう一つの役立ったアイテムであるが、それは太鼓の絵を叩くと音が出る「おまつりたいこ」というおもちゃである。これは妻の実家においてあったおもちゃなのだが、妻の実家に行った時にぼくが何気なく使ってみると娘がとても喜んだため、後日おもちゃ屋で購入したのだ。約20㎝四方の正方形で、真ん中に大きな太鼓の絵がかいてあり、そこを叩くと「ドン！」と音がなるのである。また、端のほうにボタンがいくつかあり、ボタンを押すと、童謡やアニメソングを流すこともできるのだ。このおもちゃの遊び方は、音楽を流しながら、リズムに合わせて太鼓を叩くということなのだが、生後数か月の娘には当然そんな遊び方はできない。ただ、娘は太鼓の絵にさわると音がなることや、ボタンにさわると音楽が流れることに大喜びだったのである。

おまつりたいこのおかげで、娘は1人で遊ぶことができるようになった。ぼくが横で本を読んだりパソコンで作業したりしていても、遊んでいる娘からは音が聞こえるため、安心して過ごすことができた。また、音楽が流れると娘は眠くなるのか、よく遊んでいる間に寝ていることもあった。そして、ぼくはその様子を何日も繰り返し見ているうちに、娘が眠くなる曲がわかってきたのである。なぜだかわからな

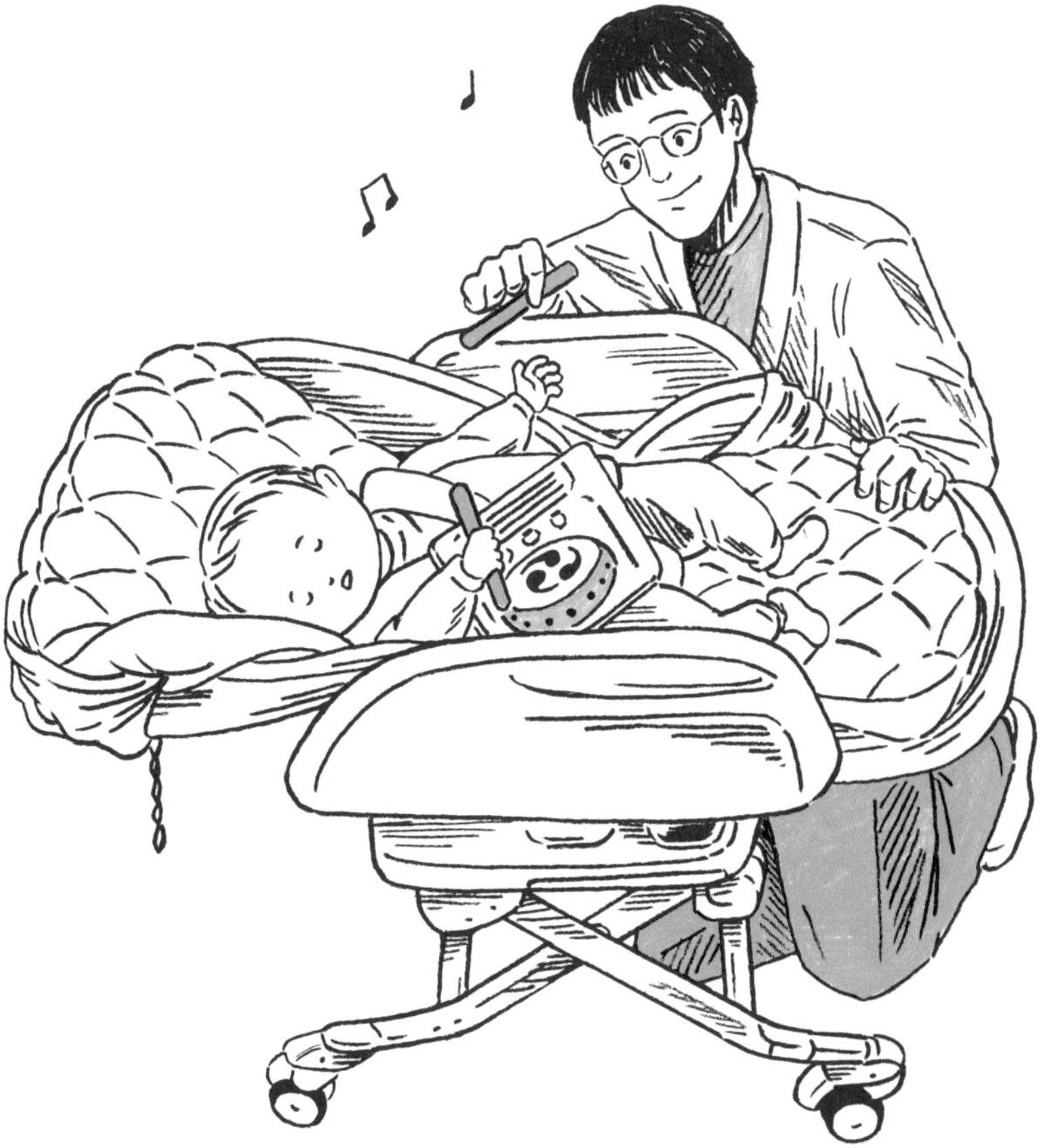

いが、娘は「おどるポンポコリン」と「ようかい体操第一」の音楽で眠気に誘われるのであった。そのため、ハイローチェアに乗せて揺らすだけで眠らない時には、ぼくはハイローチェアの音楽を止め、おまつりたいこから「おどるポンポコリン」か「ようかい体操第一」を流すことで、娘を寝かしつけるようにしたのである。この合わせ技は、かなり効果的であった。

ぼくが育休中に娘と2人の時でも自分の時間をとれたのは、娘を寝かしつけることができたからである。娘と過ごす中で一番大変なのは、娘が泣き続けた時である。あやしたり、遊んだり、おむつを替えたり、ミルクをあげたりと、様々なことをするが、どうも泣き止まない時というのがある。しかし、ハイローチェアに寝かせ、音楽をかけるという方法は、娘を落ち着かせることにかなり有効であった。もちろん、それでもうまくいかないことはあり、特に夕方ごろに突然大泣きする「黄昏《たそがれ》泣き」が起きた時は、泣きわめく娘を1時間以上抱っこしながら家中を歩き回って落ち着かせるということもあった。ただし、そんなことは稀であり、多くの場合は、泣いても5分ほどで落ち着いてくれる、父親孝行の娘だった。

育休中の娘との触れ合い

育休中の楽しみは、何といっても娘と一緒に過ごしながら娘の成長を見られることである。娘は日中よく寝る子であったが、起きている時は一緒に遊んだり、一緒に外出したりしながら、ぼくは娘との時間を満喫していた。言葉や動きに反応して笑うようになったり、目で追って物をつかめるようになったり、寝返りができるようになったりと、娘の小さな成長を日々近くで感じられるのは幸せなことであった。

育休中にはベビーマッサージ教室に参加し、娘とのスキンシップ遊びを教えてもらった。ぼくの足の上でゆりかご遊びをしたり、飛行機遊びをしたりすると、娘は満面の笑顔になり声をあげて喜んだ。ぼくはそんな瞬間が幸せで、時間があれば娘とのスキンシップ遊びをしていたのである。

また、娘との買い物も楽しみの一つであった。娘を連れてスーパーに買い物に行く時は、ぼくが娘を抱っこひもで抱っこする。抱っこ紐を使うと、娘はコアラのようにぼくにしがみつく姿になるのである。これがとてもかわいいのだ。そして、娘はぼくの胸の中で眠るのである。その平和な寝顔を見られるのも、また幸せであった。もちろん、抱っこ紐で抱いていても機嫌が悪くて泣いてしまうことや、体を反らして暴れることがある。だがそんな時も、あの手この手で娘をあやすと、また平和な寝顔を見られるのである。その時は、娘を落ち着かせることができた喜びもプラスされて、より幸せな気持ちになれたのである。

とはいっても、あやしてもどうにもならない時はある。そんな時ぼくは、妻に娘の抱っこを代わってもらう。すると、さっきまで泣きわめいていた娘が、妻に抱かれた途端に笑顔になるのである。ぼくは、そうなることがわかっているのであるが、実際に何度もその姿を目の当たりにすると、やはり悔しさやむなしさを感じるのであった。妻がうらやましいと感じることは、育休中に何度もあった。

娘が6か月になり離乳食をスタートさせたころからは、ごはんを食べさせる楽しみも増えた。スプーン1杯分だけの離乳食でも、食べてくれると嬉しいものである。幸い娘は離乳食を嫌がることが少なく、喜んで食べてくれていたので、日が経つにつれ少しずつ量も増やしながら、楽しく離乳食を食べさせることができた。妻も、娘が喜んで食べている姿が見られることで、離乳食を作るのを楽しんでいるようだった。

妻とともに、娘の成長を見守っていける。これぞ、育休の醍醐味である。

育休中の心のもち方

ここまで書いてきたように、ぼくは育休中に様々なことに取り組めた。特に料理や読書、仕事の準備などは、思っていた以上に取り組めたと思っている。それは、想像していた以上に娘に手がかからなかったことや、妻とともに家事や育児を分担できたことが大きな理由であるが、ぼく自身の心のもち方にも関係していたのかもしれない。

育休中に挑戦した料理や、読書、仕事の準備などに対するぼくのモチベーションは、「絶対にするぞ」ではなく、「時間があれば取り組もう」というものであった。そのため、家事や育児が忙しければ、別に取り組めなくてもよいと思っていたのだ。それが、実際は自由に過ごせる時間が十分に確保できたため、「じゃあ、やってみようかな」という気になったのである。

もしぼくが、「育休中に、絶対100冊は本を読むぞ」とはじめから考えていたら、きっと100冊も読めていなかったと思う。例え読めていたとしても、無理やり読んで頭に入らなかったかもしれない。「時間があればやってみよう」そんな、ゆるい気持ちだったからこそ、楽しみながら取り組めたのだと思っている。

この心のもち方は、ぼくのこれまでの考え方を大きく変えることになった。これまでのぼくは、自分でやると決めた仕事は「できるまで絶対にする」と思って取り組んでいた。その結果、ぼくは自分が満足いくまではいくらでも時間をかけて仕事をしていることがあった。そのため、取り組んでいる時は楽しいのだが、当然疲れも出ていた。また、家に帰るのが遅くなり、妻に負担をかけるということもしばしば起きていた。

育休中のぼくは、これとは正反対であった。「できなくても仕方ない」と割り切りながら、「時間があれば、無理なくできるところまではやってみよう」と考えて過ごしていたのだ。しかし、結果的には想定以上に様々なことができていた。自分を追い込まず、心に余裕をもてていたのがよかったのかもしれない。そしてこの経験は、ぼくのこれまでの考え方を見直すいいきっかけとなった。後に述べるが、職場復帰後のぼくの働き方は、育休をとったことで大きく変わったのである。

育休からの復帰へ

7月に入り、いよいよぼくの育休も終わりが近づいていた。ぼくは、職場復帰への準備をするとともに、多少の不安を覚えていた。
「うまく、なじめるかな……。」
「同僚に嫌な顔をされることはないかな……。」
など、弱気になっていたのである。ぼくは4月1日から育休をとったため、職場に4月に赴任してきた新しい同僚とは、まだぼくだけが出会えていない状態だった。新しく赴任した同僚は5人いると聞いていたが、その5人は育休をとっているぼくのことをどのように思っているのかも気になっていた。そのため、ぼくは復帰した時に新しく赴任した同僚に会うことに、少し緊張していたのである。

また、ぼくが休んだことで仕事に支障が出ていないかも心配していた。同僚に大きな負担がかかっていたとなれば、ぼくに対していい気持ちがしない人もいるかもしれない。復帰するぼくを、同僚は迎え入れてくれるだろうか。そんな不安もあったのである。

復帰の数日前にはデパートでお菓子を大量に購入し、職員一人一人に感謝のメッセージを添えて渡せるように準備をした。

復帰が近づくにつれ、復帰できる喜びや期待もありながら、拭いきれない不安もかかえ、ぼくは復帰の日を迎えたのであった。

育休から復帰して

復帰初日

7月20日。3か月半の育休を経て、ぼくが職場に復帰する日がやってきた。前日は一学期の終業式。小学生の子ども達にとっては、夏休み初日である。

ぼくは普段より早く出勤し、まず職員全員の個人ボックスにメッセージ付きのお菓子を入れた。ぼくの職場では職員室に職員一人一人の個人ボックスというものがあり、校内で配布される資料や、出張先で買ったお土産などがここに入れられるのである。

職員室では、早速何人かの同僚と出会った。

「今日から復帰しました。よろしくお願いします。」

そうぼくが言うと、出会う同僚はみんな、

「おかえり～！ 待ってたよ！」

「復帰初日に早いね〜、いきなり無理しないでね。」

などと、温かく迎えてくれた。ぼくは、少し安心できた。その後も、出会う人はみんな優しかった。管理職も笑顔でぼくの復帰を喜んでくれた。

復帰初日の最初の仕事は水泳指導である。夏休みは泳力を伸ばしたい子ども達が自主的に小学校のプールにやってくる。プールでは、子ども達とも久しぶりの再会である。

「あっ、羽田先生！」

とぼくを見て驚く子ども達。「育休」がよくわかっていなかったのか、ぼくの体を心配してくれる子どももいた。ただ、一緒に体を動かすのはいいものである。1時間もすれば、子ども達とはすっかり打ち解けられていた。

こうして復帰初日の午前中のうちに、同僚や子ども達とたくさん話ができ、ぼくは復帰前の不安が少しずつ解消されていった。また、4月に赴任してきた同僚にもあいさつができたことで、ぼくの緊張もだいぶおさまったのであった。

その後、午後に体育担当の同僚と一学期に行ったことの確認や、二学期以降の仕事の引き継ぎなどを行った。やはり、一学期はバタバタすることが多かったと聞き、申し訳ないと感じた。その分、二学期はしっかり仕事をしようとぼくは決意した。

そしてその日の夜、職場の飲み会があった。ぼくの復帰初日は金曜日だったため、一学期の慰労の会として予定されていたのである。事前に職場から参加を打診されていたこともあり、この日は、妻に娘をお願いしてぼくも職場の飲み会に参加させてもらった。やはりお酒が入る席というのはいいものである。新しく赴任してきた同僚ともどんどん話をすることができた。さらに会の終盤には、復帰したぼくから挨拶をするというコーナーまで設けられ、同僚のみんなに改めて一学期間休ませてもらった感謝の気持ちと、今後の仕事で職場に貢献したいという思いを伝えることができた。

復帰初日、ぼくは職場に戻ってこられた嬉しさや、同僚に温かく迎え入れてもらえた安心感があった。そして、お酒も入ったことでとてもいい気分で1日を終えられたのであった。

復帰後の仕事への取り組み

ぼくが復帰した最初の1か月、小学校は夏休みである。夏休み中の教師の仕事ときいてピンとこないかもしれないが、夏休みは子どもが学校に来ない分、少し余裕をもって過ごせる期間である。といっても仕事がないわけではなく、体育関係の仕事としては先述したように夏休みにある水泳記録会に向けた水泳練習の指導や記録会の運営、夏休み明けの運動会や陸上記録会の準備などに追われるのである。また、二学期の研究授業に向けた授業づくりも、毎年夏休みに時間をとって考えていた。そのため、子どもが学校に来ないという点では心に余裕はあるが、時間をとって準備しなければならない仕事がたくさんあるのが夏休みなのである。

ただ、ぼくは育休中に研究授業の授業づくりを考えていたことで、夏休みは例年に比べて少し時間に余裕ができていた。そこで、ぼくは運動会などの体育的行事の準備により力を入れることにした。一学期に負担をかけた他の体育担当の同僚の負担を、少しでも減らせるようにしたいと思ったのである。体育担当の同僚はぼくを入れて3人いるのだが、夏休み以降は、体育関係の仕事はできるだけぼくが引き受けるようにした。2人の同僚は、「そんなに頑張りすぎなくていいよ」と言ってくれていたが、育休中にぼくがいない分をカバーしてくれた2人に、微力ながらも恩返しがしたかったのである。

そうしているうちに、夏休みも終わりに近づいてきた。ぼくはすっかり仕事の感覚が戻っており、育休前と変わらずバリバリ働いていた。ただ、一つだけ育休前のぼくと違ったのは、「無理をしなくなった」ということであった。育休前のぼくであれば、仕事は何でも早めに終わらせておきたいという気持ちから、締め切り直前でなくても、取り組んでいる仕事にゴールが見えたら、一気に最後までやりとげようとしていた。しかし、育休後のぼくは、ゴールが見えても「今日はここまででやめる」ということが多くなったのである。それは、早く帰って妻や娘に会いたいという気持ちもあるが、育休中に無理のない範囲で取り組むことのよさを感じたのも影響しているのだと思う。夏休みは、焦らず、落ち着いて仕事をすることができた。

復帰後の家事

ぼくの復帰後は、家での家事分担も少し変わることになった。ぼくの家事は、

○朝、洗濯機から洗濯・乾燥が終わった衣類を取り出して片づける
○自分の朝食を作って食器洗いをする
○夜は7時までに帰宅できたら娘をお風呂に入れる

○夕食後の食器洗いをする
○お風呂掃除をする
○洗濯機の予約を翌朝に仕上がるようにセットする

である。

ということになった。というのも、ぼくは復帰してから大きく働き方を変えたのである。

朝は育休前に出勤していた時間より、1時間近く早く出勤することにした。それまでは朝7時～7時半に出勤するようにしていたのだが、復帰後は朝6時～6時半に出勤するようにしたのである。そのため、朝は5時前に起き、朝の家事をして、6時前には家を出発するようになったのだ。これは、妻と娘が寝ている間にぼくが起きて出勤するということである。妻と娘は、ぼくが家を出発してから起床する。そして、ぼくが仕事に行っている間の家事と娘の世話は、妻に任せるようにしたのである。

このようにしたのは、いくつかの理由があった。一つは、娘の生活リズムを中心に考えたことである。娘は、いつも夜9時ごろに就寝し、朝6時ごろに目覚める。一方で、育休前のぼくの仕事の様子は、朝7時前に家を出発し、早くても夜8時から9時ごろに帰宅するというものであった。そのため、このままではぼくは娘の起きている時間にほとんどいないことになってしまうのだ。そこで、ぼくはなるべく夜早く帰ってこられるように、朝に仕事をするようにしたのである。朝は娘とほとんど会えないが、夜に娘と一緒にお風呂に入れれば、妻の負担を減らせるだけでなく、娘とのスキンシップの時間にもなる。また、夜早く帰ってきていることで、娘にご飯を食べさせたり、娘と遊んだり、娘を寝かしつけたりもできる。1日中家事と育児をしている妻は、夜の家事・育児の時間にぼくがいることで、安心できると言っていたこともあり、ぼくは朝の家事・育児より、夜の家事・育児を優先したのである。

また、仕事の面でも朝の時間を使うことにはメリットがあった。朝6時ごろに学校に行くと、ぼくが一番乗りである。そのため、非常に静かな環境で仕事に集中できるのである。朝の仕事は、その日の仕事の準備だけでなく、前日に途中でやめていた仕事をする時間にも使った。そうすることで、前日に仕事を途中で切り上げやすくなったのである。

そして、この仕事の仕方は、結果的に仕事の質を高めることにもつながった。前日に遅くまで残って最後までやり遂げるこれまでの仕事の仕方より、途中までできている仕事を一晩寝かしてから朝取り組むほうが、疲れもなく、前日の仕事を冷静に見直しながら仕事を仕上げることができたのである。

　こうして、ぼくは復帰後にこれまでの働き方を変えて1日を過ごすようになった。家事や育児は妻に任せることが増えたが、家事や育児の大変さを知っている分、ぼくはできるだけ早く帰るようにした。また、妻の疲れがたまってきた時は、土曜日か日曜日のどちらかは、ぼくが1日中娘の世話をするようにもなった。平日はほとんど1人で家事や育児をしている妻に、自分の時間をとれるようにしたのである。ただ、これはぼくにとっては大変なことであった。平日に仕事をした上で、休日に1日中育児をするというのは、それなりの覚悟がいるのだ。1歳が近づくにつれ、娘のお昼寝の時間は短くなっていたのである。

　しかし、ぼくには秘策があった。日々成長してきた娘は、NHKの子ども向け番組に夢中なのである。そこでぼくは、平日にNHKの子ども向け番組を録画しておいたのだ。そして、自分が休みたい時やどうしても仕事をしなければならない時、また娘がぐずったり泣いたりした時に、録画しておいた番組をこまめに再生するようにしたのである。そうすると、娘はしばらくテレビに集中するのだ。あまり長くテレビばかり観させるのはよくないとは思うが、こうやって楽に育児をすることも、時には必要なのである。

一方、ぼくにとっては1日中娘の世話をすることによるよさもあった。育休中に比べて娘と過ごす時間が大きく減っていたぼくにとって、娘とずっと一緒に過ごすことのできる時間は、無意識のうちにぼくの心を癒してくれる大切な時間になっていたのだ。娘と過ごした翌日は、なぜか元気になっていることが多かったのである。

また、妻から感謝されることも多くなった。そのおかげか、ぼくが職場の飲み会に行く時があっても、妻は毎回気持ちよく送り出してくれたのである。ぼくは、職場復帰後も、心おきなく誘われた飲み会に行くことができたのであった。

育休が与えた仕事への影響

育休から復帰し、夏休みが明け、ついに二学期が始まった。ぼくは体育専科として復帰したため、2年生1クラスと、4・5年生各3クラスの合計7クラス分の体育の授業が主な仕事であったが、9月下旬に開催される運動会や、10月、11月に行われる陸上記録会に向けての仕事も同時に進めていくことになった。また、9月下旬からは教育実習が始まり、10月下旬には県内外から多くの教育関係者が参観に来る研究授業が行われる予定になっていたため、例年通りではあるが、二学期は忙しくなることが予想されていた。

ただ、ぼくはこの例年の忙しさが少し和らいでいるように感じられた。先述したように、ぼくは育休中に運動会の改善案や、研究授業の内容など、できる範囲の仕事を家でしていた。そのため、ぼくは復帰してすぐに、考えてきた運動会の改善案を体育担当の同僚と相談したり、研究授業で使う予定の教具を使いやすいように整理したりするなど、早め早めに二学期に向けての準備を始めることができていたのだ。その結果、二学期の仕事は、例年以上に準備ができた状態で取り組めたのであった。

9月の運動会では、練習でも本番でもトラブルがほとんどなく、例年以上にスムーズに進めることができ、同僚や保護者からは「いつも以上にいい運動会だった」と言ってもらえた。育休中に考えてきた改善案をもとに、過去の運動会の資料を使いやすいように整理したり、資料を更新しやすいように作り替えたりしたことがよかったのだと感じている。

10月に開催された研究授業では、2年生の体育の授業を公開した。この授業はぼくが考えた新しい運動を教材にしたのだが、子ども達は夢中になって取り組んだのだ。ぼく自身、これまでで一番手ごたえのある授業をすることができた。これも、

育休中に十分すぎるほど構想に時間をかけることができたからであろう。見に来てくれた先生方からは、

「非常に参考になった」

「自分の学校でもやってみたい」

といった好意的な感想を多くもらえた。

普段の体育の授業においても、育休中に新しく考えてきたいくつかの教材は子ども達に大好評であった。特に、雨の日に外で体育ができない時のために考えた、教室で行える卓球をもとにした教材は、子ども達が夢中になって取り組めるものの一つとなった。この教材はピンポン玉と厚紙さえあればできるものであり、ルールも数種類用意していたため、飽きずに取り組めるという特徴があった。子ども達からは、

「教室でも体育ができて嬉しい。」

「雨でも体育が楽しみになる。」

と、笑顔でぼくに伝えてくれることがたくさんあった。実はこれまで、授業の前に突然雨が降った時などは、急遽体育を別の授業に変更したり、別の学年が授業中の体育館に行き、はしのほうを少しだけ使わせてもらって体育をしたりしていたのだが、毎回とても調整が大変であった。しかし、この雨の日に教室でできる体育の

教材ができたことで、ぼくはどんな天候でも体育の授業に安心して臨めるようになったのだった。

このように、ぼくが育休から復帰した後の仕事は、育休中に準備していたこともあり、心に余裕をもって取り組めることが多くあったのである。

心に余裕をもてたことは、復帰後のぼくの仕事の仕方にも大きな影響を与えた。余裕がある分、これまで以上に一つ一つの仕事をより深く考えられるようになったり、忙しい同僚の仕事をサポートしたりできるようになったのである。その結果、ぼくは復帰後、同僚に感謝されることが多くなった。また、授業中に子ども達が楽しんで学んでいる姿を見ることも増えたのである。これらは、ぼくのモチベーションをさらに高めることにつながった。復帰後の仕事は、まさに好循環だったのだ。

その後、この好循環がなくなることはなく、二学期、三学期と終わり、ぼくが育休をとった2018年度は無事終了を迎えた。3か月半の育休によるブランクはほとんど感じず、二学期からでも子ども達とは十分に関係を築くことができた。2018年度は、これまで以上に素晴らしい仕事ができた1年間となった。

はじめての育休をふり返って

ぼくが育休を取得した2018年度が終わり、改めて育休をふり返って思うことは、

「これまでの人生で、最高に幸せな3か月半だった」

ということである。

妻や娘と過ごす時間をたくさんもてたこと。
自分自身を改めて見つめ直す時間がもてたこと。
家族や自分の未来に向けて準備する時間がもてたこと。

このような時間をもつことができたのは、育休があったからである。
男性の育休取得については、世の中でもいろいろな考え方があるだろう。ただ、ぼくの場合は、結果的に育休をとって何一つ自分が損をしたことはないと思っている。仕事の面でも家庭の面でも、すべてがプラスに働いている。それはぼく自身が、すべてプラスにしてやると思って育休をとったからなのかもしれないが、本当にそ

うなっているのである。職場には一時的に迷惑をかけることになったかもしれないが、その分をしっかり返せるだけの力は育休によってつけられたと思っている。

もちろん、いろいろな条件が重なってぼくが幸せを感じられたことは間違いない。家事も育児もよくできる妻。想像以上にお利口だった娘。困った時に頼れる妻のお母さん。ぼくがいない間の仕事をカバーしてくれた同僚。育休への理解がある校長。その他にも、多くの人の支えでぼくは最高に幸せな3か月半を過ごせたのだ。本当に、多くの人に感謝している。


育休から復帰して1年ほど経ったころ、妻とこんなことを話した覚えがある。ある時、家族でテレビを観ていると、偶然「男性の育休取得率が低い」というニュースが流れたのだ。するとその時、妻がふと
「うちは育休をとってもらえてよかったわ。」

と言ったのである。

ぼくはその言葉が嬉しかったので、妻に詳しく理由を聞いてみたのだ。すると、妻の思いは、ぼくにとっては意外なものであった。

ぼくは、妻が家事や育児の負担が少なくなって嬉しかったのだと思っていたが、

妻は、

「私は、あなたが父親らしくなったことが嬉しかったのよ。」

と言ったのである。

なるほど。確かにぼくは、育休を通してより自分が親であることを自覚するようになったのかもしれない。ただ、その当時はそんな意識は全くなかった。しかし結果的に、ぼくは親であることを自覚し、妻を安心させられていたのである。

この言葉を聞いた時、ぼくは妻が本当に求めていたことが何だったのかわかった気がした。そしてもし次に育休をとる機会があれば、もっと父親らしくなれるよう、頑張りたいと思ったのだった。

男の育休は、まだまだ奥が深いのである……。

第2章
二度目の育休

娘の保育園入園、そして2人目の誕生

娘の保育園入園と妻の職場復帰

2019年度が始まるとともに、我が家では大きな変化があった。4月には娘が保育園に入園し、5月には妻が職場復帰した。そしてぼくは、4月から3年生の担任となった。

ぼくの職場では、2018年度に働き方改革が一気に進み、大きく業務改善がなされた。仕事内容が精選され、ぼくを含めて多くの同僚が残業時間を減らすことができたのだ。幼い子どもをもつ親としては、ありがたい限りである。

一方我が家でも、4月に娘が保育園に入園したことで、生活リズムが大きく変わった。4月からは家族全員5時に起床することになった。朝起きるとぼくは前日に洗濯・乾燥の予約をしておいた洗濯物をたたみ、妻は朝食の準備をする。その間、娘はおもちゃで遊んだりテレビを見ていたりする。そして朝食の準備ができると、家族でそろって「いただきます」をするという具合である。

だが、この朝食の時間が大変なのである。娘はよく食べるのだが、よくこぼすのだ。1歳なのだから当然であるが、エプロンをしていても、テーブルや床にどんどんこぼれていくのだ。また、食べるのに時間がかかる時もあれば、何度もおかわりをせがむ時もある。朝食の時間は、一筋縄にはいかないものである。

そうしているうちに時計は6時を過ぎていく。食器の洗い物や娘の登園準備を妻と協力して行い、同時に自分達の出勤準備も行っていく。そんな朝のバタバタしている時でも、娘はおかまいなしにぼくや妻に絵本をせがんできたり、遊びに誘ってきたりする。そして少し相手をしていると、また時間はどんどん過ぎていく。

7時前、ぼくが妻と娘を残して一足早く車で出勤する。この時間を過ぎたあたりから、ぼくの勤務先に向かう道路が混み始めるため、この時間で出発しなければ間に合わなくなるのだ。続いて7時過ぎ、今度は妻が車に娘を乗せて保育園に出発し、娘を預けて出勤する。保育園は朝7時以降に預けなければならなかったこともあり、我が家では保育園の送りは基本的に妻が行うことになっていた。

保育園の迎えも、仕事の時間の関係上、基本的には妻が行っていた。働き方改革が進んだとはいえ、ぼくの職場では夕方6時までに保育園に迎えにいけるように退勤するのは難しかったのである。その結果、娘が入園してからしばらく、保育園に関してはすべて妻に任せきりになっていた。妻は毎日の送り迎えに加え、帰ってからの夕食の準備や娘をお風呂に入れることなどをすべて1人で行っていたのである。ぼくは夜7時過ぎに帰宅していたが、4月からは娘を8時～8時半ごろに寝かしつけるようにしていたため、帰宅後にぼくができることは限られていたのであった。

そのため、小学生が登校しない夏休みは、保育園の送り迎えや娘のお風呂など、娘の世話に関することはできるだけぼくが行うようにした。この時期はぼくの出勤時間を調整することができたからである。夏休みだけでも保育園に関わるようになると、送り迎えをしながら仕事をする大変さや、仕事中に娘の発熱などで急に保育園にお迎えに行かなければならない大変さ、娘が体調を崩して保育園を休まなければならない時に、妻とぼくのどちらが休むかの調整の大変さなどを実感するようになった。それでも、ぼくは保育園に関わる楽しみがあった。それはお迎えの時である。ぼくが保育園に迎えに行くと、娘はぼくを見つけ両手を広げて走ってくる。そして抱きしめると、娘は満面の笑みになるのだ。これは、毎回幸せな瞬間であった。

夏休みは、ぼくが送り迎えに行くことができたため、妻は気兼ねなく仕事に集中できた。妻は職場復帰後、仕事と家事・育児に追われて疲れていたことが多かったが、この夏休み期間で少しリフレッシュできたようであった。

こうして、我が家では娘の保育園と家事・育児・仕事のバランスが少しずつ取れるようになった。そしてこの夏休みに、我が家ではまた、嬉しい出来事が起こったのである。

2人目の妊娠

夏休み、妻から嬉しい知らせを受けた。2人目の妊娠である。時間がかかるだろうと予想し、早めに始めた二度目の不妊治療が思いのほかうまくいき、幸運にも治療してすぐに授かることができたのである。

出産予定日は3月の末。ギリギリ今年度内である。予定日通り生まれれば、姉になる娘とは、2学年差になることになった。

妻の2人目の妊娠とともに、ぼくは二度目の育休についても考えるようになった。2人目が生まれると、我が家は生まれたばかりの赤ちゃんの世話を、幼い娘もいる中でしていくことになる。当然、1人目より大変になるに違いない。そう考えると、ぼくはもう一度育休をとりたいと思ったのだ。

そして、二度目の育休については子どもが生まれてすぐにとれるようにしたいと思っていた。実際、1人目の時に妻が一番大変だったのは最初の1か月であった。妻は妻の実家にいたのだが、毎日ほとんど寝れなかったと言っていた。また、家に戻ってきてからもしばらくは夜泣きが続いたため、妻はまとまった睡眠時間がとれていなかったのである。だからこそ、ぼくはこの大変な時期に妻を支えられるようにしなければならないと思ったのだ。

今回の出産予定日は、小学校の春休み中である。そのため、育休をとるのであれば、前回と同じように一学期の間でとるのが理想的であると考えた。そうすれば、今回は妻の出産直後から育休に入ることができる。また、休む期間に対する仕事の準備や引き継ぎ、復帰後の見通しなどについては、一度目の育休の経験を活かすことができると思ったからである。

職場との相談

夏休みが終わり、小学校は二学期が始まった。二学期は運動会や陸上指導、教育実習など、忙しい日々が待っていた。そんな中、ぼくはまだ妻の妊娠を同僚や管理職には伝えていなかった。少なくとも安定期に入るまでは安心はできない。妊娠の事実を伝えた後に、もしものことがないとも限らない。そう思い、ぼくはしばらく、誰にも言わずに過ごしていた。

　そんな中、10月下旬に校長・副校長との面談の時期がやってきた。そう、はじめての育休を取得するきっかけになった、あの面談である。ぼくはこのタイミングで、妻の妊娠を伝えるべきだと考えた。まだ安定期には入っていなかったが、校長とゆっくり話すことができるこの時が一番伝えやすいと考えたからである。そして、育休の取得についてもその意向を伝えたいと思った。ちなみに、校長・副校長は2年前と同じではなく、この2年でどちらも新しい校長・副校長に変わっていたため、前回のように育休を提案してくれるようなことはないだろうと思っていた。

　ぼくは、まず面談の前に体育担当の同僚に妻の妊娠を伝えることにした。そして、2回目の育休を取得したいという意向も同時に伝えた。ただ、今回は1回目の時とは違い、ある問題があった。実は、体育担当の同僚の1人が次の4月に転勤する可能性があったのだ。もしそうなった場合、ぼくが育休に入ると体育担当は4月に2人も入れ替わることになる。体育担当はぼくを入れて3人いるが、そのうち2人が新しくなるということは、残された1人の同僚は当然手が回らなくなるのである。

このような状況を踏まえると、ぼくは一学期に育休をとることについては断念せざるを得ないと考えるようになった。前回以上の迷惑を職場にかけるかもしれないということが、ぼくには相当なプレッシャーになったのである。また、「同僚が転勤しなければ育休をとる」というパターンも考えたが、そうすると判断がギリギリになってしまうことや、同僚に気を使わせてしまうことが容易に想像できたため、これも断念することにした。苦しい決断ではあったが、ぼくは一学期の育休を諦めることにしたのである。

そして、校長・副校長との面談当日を迎えた。ぼくは、まず妻が妊娠中であることを伝えた。校長からは

「それはおめでたいですね。」

と祝福の言葉をかけてもらった。そして、校長は少し考えた後、こう言った。

「ちなみに、今回はまた育休をとろうと考えているの……かな？」

校長は、前回ぼくが育休を取得したことを知っている。そのため、育休のことが気になったのであろう。ぼくは、

「育休をとりたいという気持ちはあります。ただ、いろいろと考えると前回と同じように4月から育休をとるというのは難しいかと考えています。」

と答えた。それを聞いた校長・副校長は、少しほっとしているように見えた。そして、育休についてはそれ以上触れることなく、ぼくは校長・副校長との面談を終えたのであった。

ただ、ぼくはこの時点で育休そのものをとらないと決めたわけではなかった。4月からの育休については断念したが、違う時期での育休を考え始めていたからだ。それは、「三学期の育休」である。

第1章でも少し触れたが、本校での三学期の体育の仕事は一・二学期に比べると少ないのだ。そのため、体育担当としては休みがとりやすい期間なのである。また、体育担当に新しい同僚が入ってきたとしても、三学期までに仕事の仕方を教えることができていれば、三学期に同僚が大きく困ることはないだろうと思ったのである。ただ、そうはいっても年度の途中で休みに入るというのは、子どもや保護者、同僚に大きな影響が出る。もしぼくが来年も担任だった場合、子どもや保護者にとっては担任の先生が変わるという状況を生み出すことになり、他の教員に担任を引き継いでもらわなくてはならないのである。

それでも、ぼくは三学期に育休をとりたいと考えるようになった。当初の希望である生後間もない時期からではなく、生後9か月ごろからの育休となるが、その時期に育休をとることにも大きな意味を感じていたからだ。

生後9か月から1歳ごろの赤ちゃんは、もう自由に動き回っているはずである。ハイハイはもちろん、早ければ自分で立ち、歩くこともできているかもしれない。そうなると、赤ちゃんの行動範囲が広くなり、親は目を離せなくなってくる。特に、料理などの手の離せない家事をしている時に赤ちゃんが視界からいなくなると、親はろくに家事もできなくなるのである。そこでぼくは、赤ちゃんの行動範囲が広くなる時期は、赤ちゃんの安全と家事の両立を図るために、妻1人で赤ちゃんを見なければならない時間をなるべく減らす必要があると考えたのだ。ぼくは、できるだけ妻と一緒に家にいて、2人で赤ちゃんを見られるようにしたいと思ったのである。

ぼくが妻にこの育休計画を伝えた時、妻は喜んだ。もちろん生後間もない時期の育休のほうが心強いと言われたが、その時期を乗り越えられれば、後に楽しい時間が待っていると前向きに捉えていた。そして妻は、もしぼくが三学期に育休をとったら、育休の終わりごろに家族みんなでゆったりと旅行がしたいと言った。希望は、東京ディズニーランドであった。実は子どもが生まれる前から、妻は家族で東京ディズニーランドに行くことが夢だと言っていた。ぼくは、三学期に育休をとったら、家族で東京ディズニーランドに旅行して長年の妻の夢を叶えたいと思ったのである。

　校長・副校長との面談を終えてしばらくしてから、ぼくは再度体育担当の同僚に育休について相談した。一学期ではなく三学期に育休をとるということについては、ある程度理解はしてもらえた。ただ、まだ人事異動がどうなるのかもわからない状況であったため、管理職への相談も含め、育休はもう少し待ってから最終判断をすることになった。

ぼくの働き方

　2019年のぼくは、3年生の担任として働いたが、以前のように仕事で帰りが遅くなるということはほとんどなかった。働き方改革の効果もあったのだと思う。一方で、職場からは責任ある仕事を任されることも増えた。2019年度は本校での勤務が5年目となった年であったため、当然と言えば当然である。だが、ぼくは決して無理はすることなく、できる範囲でできることを着実に進めていくように仕事をした。

　ぼくは基本的に、遅くても夜7時ごろには帰ることができるように調整して仕事を行った。これは、過去の自分からすると考えられないことであった。また、休日出勤もほとんどしなくなった。数年前は正反対で、土日のどちらも学校に行かない週など、ほとんどなかったと思っている。本当に、働き方は激変したのである。

だからといって、仕事の質が落ちたのかと言われればそうではなく、むしろ高まったと思っている。担任をしたクラスの子ども達とはとても楽しく過ごすことができ、教師生活の中でも一番子ども達との関係がよかったと思っている。これまで以上に心に余裕があったからか、大きな声で叱るようなことは昔に比べてかなり減ったのであった(全くないとは言えないのだが……)。

また、教師としての指導力の高まりも実感できた。それは、教育実習としてぼくのクラスに配当された学生達が、目をキラキラさせて実習に取り組んでいたからである。2019年度は9人の学生をぼくのクラスで指導したのだが、9人ともすごく意欲的だったのだ。そしてその学生達は、実習最終日にぼくに対して「先生のような教師になりたい」と口々に言ったのである。最初は社交辞令かと思ったのだが、その場の雰囲気や空気感からは、本気で言っているように感じたのだ。ぼく自身、こんな経験ははじめてだった。どうやら学生達には、実習中に見たぼくの仕事ぶりが好意的に感じられたようなのである。

担任をしたクラスの子ども達はたくましく成長し、二学期が終わるころには4年生に向けての意識も高まり、だいぶしっかりとした姿になっていた。そして子ども達がしっかりしてきたことで、ぼくは三学期に大きな決断をすることができた。それは、朝、娘を保育園に預けてから出勤するということである。3月末に出産予定の妻は1月の時点でかなりお腹が大きくなっていた。そんな中で妻の負担を少しでも減らそうと、朝の送りだけはぼくができるようにしたのである。

娘を保育園に送ってから職場に向かうと、通勤ラッシュに巻き込まれるためいつもより1時間近く遅く到着するようになる。普段であれば子どもの登校を教室で迎え、朝のうちに宿題をチェックしたり、子ども同士のトラブルがあればお互いの話を聞いたりしているのだが、三学期はそれらができなくなったのである。

ただ、子ども達がしっかりしていたこともあり、大きな問題は起こらなかった。ぼくがいないからといって宿題を出さずにごまかそうとする子どもはおらず、友達同士でケンカをしても自分達で話し合って解決したり、他のクラスの先生に相談したり、ぼくが来るまでは休戦状態にしておいたりと、子ども達なりに工夫して過ごすことができていたのである。同じ学年の同僚には事前に三学期は朝遅くなることを伝えていたため、普段より気にかけてぼくのクラスを見てくれていたことも大きかったと思っている。

こうして、ぼくは1月、2月と朝遅く出勤することとなったが、何とか日々を過ごすことができたのであった。

妻の産休開始と突然の休校

2月中旬、ついに妻が産休に入ることになった。お腹はかなり大きくなり、2歳の娘も妻のお腹の中に赤ちゃんがいることを意識し始めていた。今回は娘を妊娠した時のように妻が体調を崩すことはなく、順調に進んでいた。ぼくも、妻の体を心配しながら新しい子どもの誕生を楽しみに毎日を過ごしていた。そんな中、国内では心配なニュースが広がっていた。海外で発生した新型コロナウイルスが、国内にも入ってきたということである。感染しても治療薬がなく、重症化すると命の危険もあるという病気ということが伝えられ、少しずつ日本国内でも不安が広がっているところであった。

そして2月末、政府は日本中を巻き込む大きな決断をした。全国一斉休校の要請である。突然のことであった。発表から休校開始まで、期間は1日しかなかった。

本校も休校することになり、職場は大混乱に陥った。そして2月末から、子ども達は一切学校に登校しないようになったのである。

休校期間中も、職員は勤務を続け、終わっていない授業内容や、6年生の卒業式をどうするのかを検討したり、定期的に家庭連絡をして子ども達の心をケアしたりした。一方で、職員の中にも親がおり、自分の子どもが家にいる状態で勤務する難しさを抱えている同僚がいたため、管理職は出勤の体制を工夫し、毎日全員が勤務しなくてもいいようにしてくれた。我が家も、娘の保育園から登園自粛要請が出ていたため、当然娘の登園を自粛した。万が一娘が感染し、妊娠中の妻までも感染したら、取り返しのつかないことになるかもしれないと考えたからだ。当時はまだウイルスによる妊婦や胎児、幼児への影響がわかっておらず、とにかく感染しないことを考えるしかなかったからである。そのため、我が家では臨月の妻が、家で2歳の娘の世話をしながら過ごさなければならなくなった。ぼくは、可能な限り自宅で過ごすようにして、妻に負担をかけないように家事をしたり娘の世話をしたりして過ごしていた。

世間は大変な状況であったが、ぼくとしてはこの状況をプラスに捉えて過ごすことができた。学校に毎日出勤しなくていい分、妻や娘と一緒に過ごせる時間が増え、臨月の妻を支えることができたからだ。ただ、妻は感染を恐れて、産休中はほとんど外出できなくなったため、少しがっかりしていた。本来は産休中、娘を保育園に預けている間はカフェにでも行ってのんびり過ごしたいと妻は考えていたからである。妻は、ぼくが家にいてくれる安心感はあるが、自分の理想の産休ライフが送れないことが心残りだと言っていた。確かに、産休中にずっと家に居続けるのは、しんどかったに違いない。

コロナ禍における出産

新型コロナウイルスの感染拡大を受け、妻の通っている病院も厳戒態勢になった。出産に向けた健診は必要最小限になり、出産後のために開かれている母親学級や両親学級なども中止されたり縮小されたりした。

妻の健診時は、ぼくが車で病院まで連れて行き、妻だけが病院に入り、ぼくは娘とともに車の中で待つということもあった。感染拡大防止のため、病院内はなるべく少人数、短時間ということが基本になっていたのである。

このような状況の中、妻は健診で病院に行くこと以外は外出を一切しないようにしていた。もし仮に妻が新型コロナウイルスに感染した場合、妻は隔離される上、陣痛がきても今通っている病院では出産できず、別の病院に行かなければならないことになっていたからである。妻は、とにかく感染を防ぐために外出を避けていたのだ。

そのため、生活に必要な買い物は基本的にぼくが行っていた。ただ、我が家では食材やお弁当を宅配してもらう生協の宅配サービスを利用していたため、頻繁に買い物に行かなくても済んだ。このサービスは事前に配られているチラシやＷｅｂサイトを見て食材やお弁当を注文しておくと、自宅に注文した食料が届くというものであり、我が家は妻からの提案で１月ごろから始めていたのである。妻は、娘の出産前のように切迫早産で入院してしまう可能性も考えて、なるべく家事を楽にしておこうと準備していたのだ。そして結果的にこのサービスが、我が家ではコロナ禍で頻繁に買い物に行かなくても済むことにつながったのであった。妻は、ある意味先見の明があったのかもしれない。

また、妻はいつ陣痛が来てもいいように、出産にむけた入院グッズをカバンに入れ、車に積んでおいたり、もしぼくがいない時に陣痛が起きても対応できるように、妊婦用のタクシーがある会社に登録したりしていた。さらに、妻の実家にはいつでも娘を預かってもらえるように予定日付近は24時間体制で待機してもらえるようにお願いしていた。今回の出産は、新型コロナウイルスの影響で立ち会えるのは1人までだと病院側から伝えられていたため、妻に陣痛が来ても娘を病院に入れることができなかったからである。

こうして、妻の周到な計画のもと、我が家のコロナ禍における出産準備は着々と進んでいった。

そして2020年4月5日。ついにその時は来た。わが家に2人目の子どもが誕生したのだ。予定日より1週間遅れたが、元気な男の子が生まれたのである。日曜日の夕方の出産だったため、ぼくは今回も立ち会うことができた。ぼくも妻も、嬉しさでいっぱいだった。

ちなみに、息子が生まれた2日後から、病院では新型コロナウイルス対策のため立ち合い出産ができなくなった。息子は、ぼくが立ち会えるギリギリのタイミングで生まれてきてくれたのであった。

二度目の育休に向けて

学校再開と勤務自粛

息子誕生から一夜があけた。妻と息子は1週間ほど入院するため、しばらくはぼくと娘の2人での生活となった。朝7時過ぎ、ぼくは娘を保育園に連れて行った。保育園からは可能な範囲で登園の自粛をお願いされていたが、妻が入院中のこの時期については娘を見られる人がいないため、預けることにしたのである。ぼくは、娘を保育園に預けて職場に向かった。

4月からぼくは体育専科となり、3・4年生の体育の指導を中心に行うことになっていた。また、体育担当には新たに同僚となった後輩が加わり、その後輩に体育の仕事を伝えていくのも大きな仕事であった。

息子が誕生した翌日の4月6日は、職場で職員会議が行われた。そしてそこで、翌日から学校を再開することが正式に決定された。本校は2月末の休校措置以降、子ども達を一度も登校させることなく4月を迎えていたが、一学期の開始に合わせて学校を再開する予定にしていたのだ。そしてその一学期の開始が、翌日の4月7日だったのである。

ただ、ぼくはこの決定に不安を覚えていた。それは、4月に入ってから新型コロナウイルスの県内での感染者が増加傾向にあり、休校措置をとった時よりも感染状況は悪化していたからである。もちろん子ども達に手洗いうがいや、ソーシャルディスタンスを保っての生活を徹底して指導したり、下校後に職員で校内の消毒を行ったりするなど、校内で感染対策は行うことになっていたが、感染者が増え始めたこの状況下で全校児童が同じ時間帯に登校することや、同じ建物に数百人が入るということに、ぼくは不安があったのである。

ぼくが不安を感じたのは、本校の子ども達の感染リスクが高まるということもあるが、前日に生まれた息子や産後で体力が落ちている妻へ感染するリスクが高まることも考えたからである。

この時点でもまだ新型コロナウイルスに対する情報は少なく、生まれたばかりの新生児への影響や、体力が落ちている産後直後の女性への重症化リスクなどがほとんどわかっていなかった。そんな中、国内で新生児が感染したというニュースがとび込んでくるなど、未知のウイルスに対する恐怖は日々高まっていたのである。このような状況で万が一ぼくが学校で感染し、家に帰って妻や子どもにも感染させてしまったら……。ぼくは、これは家族の命にかかわることになると本気で思ったのである。

　妻と息子は、病院から退院したらすぐに家に帰ってくる予定であった。娘が生まれた時のようにしばらくは妻の実家で過ごすという選択肢もあったのだが、２歳の娘のことを考えると妻の実家より我が家で過ごすほうが家族にとってよいと考えたのだ。また、妻の実家には高齢で持病のある妻の祖母がおり、妻の祖母が新型コロナウイルスに感染してしまうと重症化リスクが高いということも、妻の実家に頼らないという選択をした大きな要因であった。

　このような状況であることも踏まえ、ぼくは職員会議後に副校長に相談に向かった。そして、明日以降の勤務に不安があることを正直に伝えた。とはいえ、再開するという方針が変わることはない。近隣の小学校も、明日同じように再開するのである。ただ、副校長もぼくの不安な思いは理解してくれた。その上で、ぼくの状況も考慮して

「休むということも先生の権利です。それを止めることはしません。」

と、一つの方法を提案してくれた。

副校長からの話を受け、ぼくは翌日までじっくり考えることにした。そしてぼくは、一晩悩んだ末に「勤務を自粛する」という判断をした。職場に多大な迷惑がかかることはわかっていたが、ぼくはどうしても勤務することができなかった。自分が感染することや、自分が家族に感染させることなど、可能性としてはほんのわずかでしかないであろう。だが、今妻や息子が感染したら命にかかわるかもしれない。そう思うと、ここで勤務して、万が一家族の命にかかわることが起きたとしたら、ぼくは一生後悔し続ける。そう思ったのである。

そしてぼくは、その後も勤務を自粛し続け、職場には迷惑をかけ続けた。

勤務自粛から育休へ

始業式から3日目の放課後、ぼくは管理職と今後の勤務について相談する機会を設けてもらうことにした。

管理職との話し合い。ぼくは、今の考えを自分なりに整理して伝えた。まずは、勤務することによる感染の不安である。この3日間でも、県内の新規感染者は増え続けていた。ぼくは、この状況下では学校に勤務することへの不安が拭えないということを正直に伝えた。一方で、このまま学校に迷惑をかけ続けたくないという思いも伝えた。この3日間、多くの同僚（特に体育担当の同僚）には、ぼくが出勤しないことで多大な負担がかかっていた。また、このままでは保護者や子ども達に対しても、心配や迷惑をかけ続けることがわかっていた。

そこでぼくは、管理職に二通りの提案をした。一つは在宅勤務について。もう一つは休職についてである。

まずぼくは在宅勤務について相談した。学校に来ることができなくても、仕事に必要な資料を作ったり、電話で体育担当の後輩に仕事の仕方を教えたりすることは不可能ではない。もちろん業務は限られるが、在宅勤務ができれば少しは同僚の力になれると考えたのだ。ただ、現状は有休という形で休んでいるため、学校から認められていないのに家から勝手に学校に関わって仕事をするわけにはいかず、同僚も、ぼくに仕事を任せるわけにはいかなかった。そのため、ぼくは学校から正式に在宅勤務という形を認めてもらえないかと相談したのである。しかし、管理職からは本校には勤務場所を変えて働くことができるという規定がないことを伝えられた。確かに、学校に来ない先生が子どもの教育に関わることは現実的ではないのだろう。在宅勤務については、断念せざるを得なかった。

そこで、ぼくは休職について相談した。有休ではなく、休職である。ぼくはこれまでほとんど有休を使ってこなかったため、有休を使い続ければまだ2か月以上は休むことができた。だが、これには問題があった。ぼくが有休で休んでいる間、学校は代わりの職員を雇えないのである。学校が代わりの職員を雇うには、ぼくが職場から給料をもらわずに、正式に休むという状況にならなければならないのだ。新型コロナウイルスの終息の見通しが立たない中、これ以上職場に迷惑をかけないためには、ぼくはできるだけ早く休職という形になり、なるべく早い段階で代わりの職員を雇ってもらえる状況にする必要があると考えたのである。

そしてぼくは休職の方法として、育休を提案した。息子が生まれたばかりだからこそ、このような休職が可能だったからである。ぼくは、できるだけ早い段階で育休に入り、3月末まで休むことを提案した。3月末まで休むようにしておくことで、代わりの職員が見つかりやすくなると考えたからだ。臨時の職員というのは期間で雇用することになるため、年度途中までの雇用より、年度末までの雇用のほうが人材を見つけやすいのである。

この育休の提案に対して、管理職は前向きに受け止めてくれた。完全にぼくのわがままであり、同僚の理解や引き継ぎの計画などが何もない中での育休となるが、管理職はぼくの気持ちを汲んでくれたのであった。

ただ、正式に決定するのは翌週にもち越すことになった。この日は木曜日であったが、金曜日には妻が退院することになっていたからだ。育休については妻としっかり相談した上で正式にお願いし、決定することになった。実は入院中の妻には、始業式からここまでの経緯や、ぼくがすぐに育休をとろうと考えていることなどは、ほとんど伝えていなかったのである。それは、入院中の妻にいらぬ心配をかけたくないということが大きな理由であった。

翌日、ついに妻と息子が退院して家に帰ってきた。妻と息子とは約1週間ぶりの再会である。息子の写真は毎日妻からＬＩＮＥで送ってもらっていたが、実際に見る息子は、写真より何倍もかわいかった。

そして、ぼくは妻と今後のことについて話し合うことにした。妻には、始業式から勤務を自粛していることや、今後のことについて管理職と相談したことを伝えた。妻は少し驚いていたが、なんとなく気付いていたらしい。ぼくの性格や考え方は妻が一番よくわかっている。だからこそ、ぼくの考えていることは妻にはお見通しだったのである。その上で、妻はぼくの考えに同意した。さらに、今後は娘を保育園に通わせるのも自粛したいという提案もしてきた。ぼくも、そうすべきだと思っていた。

妻との話し合いを終え、ぼくはできるだけ早い段階から3月末までの育休に入るという意向を管理職に伝えることにした。ぼくは週明けに管理職に意向を伝え、了承された。手続きの都合上、育休は5月下旬ごろから入ることとなり、それまでは有休を使って休むということになった。職場の同僚には、管理職からぼくが3月末まで休むということが伝えられた。

職場ではぼくの判断を理解してくれる声もあったが、当然否定的な声もあった。

緊急事態宣言発令

妻と息子が退院してから約1週間。ぼくは勤務せずに自宅で家族と一緒にいるという日々を過ごしていた。そんな時、政府から重大な発表があった。新型コロナウイルスの感染拡大を受けて一部地域に緊急事態宣言が発令され、その後対象地域が全都道府県に拡大されたのだ。これにより本校は、再度休校することとなった。4月に再開してから、まだ2週間も経っていない段階でのことだった。

再度休校になったことで、本校では子ども達のためにオンライン授業を行うという判断がなされた。これまでにやったことのない一大プロジェクトである。校内では急ピッチで準備が進められ、職員は毎日必死でオンライン授業に向けて授業内容を考えたり、撮影の仕方を確認したりし続けた。そんな中、ぼくは有休で仕事をせずに自宅にいるという状態が続いていた。ぼくは、複雑な心境だった。

休校中は子ども達が登校してこないため感染のリスクはかなり軽減されている。ぼく自身、この状況なら出勤への不安は少なかった。また、職場に貢献したいという思いもあった。だが、それでもぼくは出勤しないという判断を続けざるを得なかった。それは、ある問題があったからである。

緊急事態宣言が発令されたことにより、娘の通う保育園からは前回よりも強い登園自粛要請が出された。医療従事者やひとり親など、特別な理由がある場合を除き、登園を自粛するようにとお願いされたのだ。つまり、娘を保育園に行かせることは実質的に不可能となったのである。そのため、もしぼくが出勤することになると、家では産後間もない妻が1人で息子と娘の世話をしなければならなくなるのだ。妻はまだ体力が全く戻っていない。夜中は数時間おきの授乳で寝不足になっている上に、日中の授乳やおむつ替えなどでさらに体力が奪われている。そんな中、保育園に行けず元気がありあまっている2歳の娘の世話をするというのは、この時期の妻にとっては過酷な状況だったのだ。ぼくは、妻にそのような負担をかけるわけにはいかないと思っていた。少なくとも、身体を回復させるための期間とされている産後8週間までは、妻への負担をできるだけ減らしたかったのである。ぼくは職場へ迷惑をかけ続けることに心苦しさを感じながらも、勤務を自粛し続けることを決めたのである。

そんな中、職場である動きがあった。新型コロナウイルスの感染拡大を受け、特例的に在宅勤務が認められるようになったのだ。この動きを受け、ぼくは管理職に時間をとってもらい、在宅勤務について再度相談することにした。

管理職にはまず職場に迷惑をかけていることへの思いや現在の家族の状況を伝えた。その上で、在宅勤務で職場に貢献できるのであれば在宅勤務をさせてもらいたいという相談をした。ぼくの相談に対して、管理職は快く了承してくれた。ぼくは、ひとまずほっとした。

管理職との話し合いを終え、ぼくは同僚に在宅勤務が可能になったことや、できる仕事があれば何でもさせてもらいたいということを伝えた。同僚はぼくの判断を理解してくれてはいたが、少し困惑した反応であった。無理もない。勝手に休んだにも関わらず、今度は何か仕事をさせてくれとお願いされても、快く納得できるものではないのである。

　とはいえ、ぼくはこの緊急事態宣言下を在宅勤務という形で自宅から仕事に関わることができるようになったのであった。

コラム 7

産前6週間と産後8週間

労働基準法では、母体保護の見地から認められている休業として「産前産後休業（産休）」が定められ、以下のように示されている。

○使用者は、6週間（多胎妊娠の場合にあっては14週間）以内に出産する予定の女性が休業を請求した場合においては、その者を就業させてはならない。

○使用者は、産後8週間を経過しない女性を就業させてはならない。

つまり、民間企業では基本的に産前6週間と産後8週間の合計14週間は産休をとることが認められているのだ。一方、国家公務員についても人事院規則により産前6週間、産後8週間の期間は産前産後休暇を取得できることになっている（地方公務員についても基本的には同じ）。

すなわち、この産前6週間と産後8週間というのが、母体を保護するための期間なのである。特に産後の8週間については、本人が希望しても基本的には働くことができない期間となっているため、絶対に無理をさせてはいけない期間なのである（ただし、産後6週間を経過後に本人が請求し、医師が認めた場合については、民間でも公務員でも就業することは可能となっている）。

在宅勤務が認められたことで、ぼくに学校の情報が入ってくるようになった。校内での会議はリモートで行われるようになっていたため、自宅から会議に参加することが可能となったのだ。また、普段校内で配布される資料等はすべて電子化されていたため、自宅にいてもメールですべての資料に目を通すことができるようになったのである。

とはいえ、在宅勤務を始めた当初は実際に在宅でできる仕事がほとんどなかった。校内はオンライン授業の体制づくりに追われており、撮影の仕方や指導内容の打ち合わせなどが教科別、学年別に進められていた。これらの仕事は実際に学校で話し合いながら決めていくのが最も効率的であり、自宅からリモートで参加できるような仕事ではなかったのである。また、校内の同僚はぼくに気を使って仕事をお願いしにくい状況でもあった。同僚からすると仕事より家庭を優先して休んだぼくに、仕事は頼みづらかったのだ。

実際、ぼくが在宅で仕事に集中できるのは娘と息子が同時に昼寝をしている昼過ぎの2~3時間と、夜家族が寝静まった後の2時間程度であった。そのため、午前中に自宅からリモートで職員会議に参加した際には、急に娘が画面に入ってきたり、息子が泣き出してぼくが画面から消えたりすることが度々あった。同僚からすると、家で小さい子どもの世話をしているぼくに任せられる仕事は限られていたのだ。ぼくは、自宅で仕事ができない時間は時間単位での有休をとり、実際に仕事をする時間のみを在宅勤務とすることにしていたが、在宅勤務を始めた数日間は、ほとんどの時間が有休という状態だった。

５月に入り、徐々に在宅での仕事が任されるようになり、一部のオンライン授業を自宅から行うことも任された。ただ、それは全体の仕事量から見るとほんの少しだけであり、ぼくは校内の同僚が相当な仕事量をこなさなければならない状況になっていることを感じていた。ぼくは、同僚に多大な迷惑をかけている状態であることを再度自覚し、同僚への申し訳なさが大きくなっていったのであった。

在宅での生活

在宅で過ごしている間、ぼくの一番の役割は娘の世話をすることであった。生まれたばかりの息子は寝る時間が多く、起きても妻が授乳してまた眠るというサイクルだったため、基本的には妻がつきっきりで息子の世話をする形になっていた。一方で、2歳の娘は保育園に行かない分の体力がありあまっていた。家の中ではおもちゃで遊んだり、テレビを見たりするが、おとなしく過ごすことはできない。一番大変なのは、妻に甘えてとびついたり抱っこをせがんだりすることである。そのため家では、ぼくがとにかく娘の相手をすることで妻の体力が奪われないようにしていたのである。

新型コロナウイルスの影響もあり、極力外出はしないようにしていたため、ぼくは娘と自宅の庭で遊んだり、自宅の近くで過ごしたりする時間を増やした。自宅の前の道を三輪車に乗って行ったり来たりする遊びは、娘が一番気に入っている遊びであった。妻にとっては、娘が家の外で遊んでくれているほうが落ち着いて過ごせるのである。また、庭や家の前の道であれば、妻が家の中から様子を見ることができ、息子の世話が大変な時にはぼくがすぐに家に入ることができるというよさもあった。

娘の世話の他に、食材の買い出しもぼくの役割だった。妻は息子から離れられないため、ぼくが週に1、2回食材を買いに行くことにしていた。買い物は娘のお昼寝中の時間に行くか、買い物客が少ない時間帯をねらって娘を連れていくかのどちらかにした。我が家は生協の宅配サービスを利用していたため、買い出しは必要最小限のものをできるだけ短時間で済ませることができた。

　食事については、妻とぼくで交代しながら調理を行っていたが、できるだけ簡単なもので済ませたり、生協の宅配サービスでお願いしているお弁当を活用したりした。この時期の家事については、我が家はとにかく無理せず手を抜くことを大切にしていたのである。

　息子の世話については妻に任せきりだったが、ぼくが息子のためにできたことは、おむつ替えと沐浴であった。沐浴は娘がお昼寝をしている時間に行うようにしていた。たまに娘がお昼寝中に起きてくることがあったが、娘は息子が沐浴している姿を見て、

「おふろ、きもちいい～？」

と話しかけたり、ぼくといっしょに沐浴からあがった息子の体をタオルでふいてくれたりした。娘も、だんだんと姉としての自覚や、弟をお世話したいという気持ちが芽生えたのだと思う。

光熱費の節約

在宅での生活は、子どもの世話や買い出しに加え、在宅勤務で仕事をするという時間があったのだが、先述したようにはじめのうちはほとんど仕事がないという状態であった。そのため、娘のお昼寝中などは多少時間に余裕がある日があった。そこでぼくは、この空いた時間を使って以前からしようと思っていたあることを進めていくことにした。

それは、光熱費の節約である。2年前に娘が生まれてから、我が家の光熱費はかなり高くなっていた。特に電気代とガス代については子どもが生まれる前の倍以上になっていたのだ。そこでぼくは、電力会社やガス会社を見直すことにしたのである。我が家の電力会社やガス会社は、家を購入した時に住宅会社があらかじめ決めていた会社であった。もちろん確認はしたと思うが、特に何も考えずに契約していたのだ。そのため、今の電気代やガス代が妥当なのかということもよくわかっていなかったのである。

ぼくはインターネットで様々な電力会社やガス会社を調べ、今の使用量をもとに、会社を換えるとどのくらい料金が変わるかを計算していった。その結果、ガス会社については今の会社が最適であることがわかったが、電力会社については年間で1万円以上節約できる会社があることがわかったのである。また、調べていると電力会社を変更することは非常に手続きが簡単なこともわかった。基本的に変更に費用はかからないのだ。我が家の場合、解約に対する違約金が発生したり、新しい会社の契約手数料が発生したりすることは一切なく、必要な手続きは新しい会社にインターネットで申し込むということだけだった。新しい会社と契約すると、前の会社は自動的に解約されるため、こちらから解約の連絡をする必要もないのである。また、我が家の場合は既存の電気メーターを新しく取り換える必要もあったのだが、これに対しても料金がかからないことがわかった。そのため、ぼくは4月下旬に電力会社を変更することに決め、インターネットで申し込んだのである。ただそれだけで、我が家は電気代の節約に成功したのだった。もちろん、電力会社を変えたからといって供給される電力が変わるわけでも、不安定になるわけでもない。これまでと生活は何も変わらないのである。

ちなみに我が家では、電力会社を変更した後もコロナ禍で自宅にいる時間が増えたため、例年より電気使用量は増えることになった。そのため、結果的に節約できた電気代は、年間1万円をはるかに超える額となったのであった。

コロナ終息？

5月中旬、緊急事態宣言が解除された。幸いにも県内では感染者数が抑えられ、終息に向かっている兆しが感じられていた。そのため本校では、6月初旬に学校を再開することが決まった。再開後は1時間目の授業開始を10時にし、授業時間を短縮して行うことになった。本校では電車やバスなどの公共交通機関を利用する子どもが多くいるため、始業をこれまでより1時間以上遅くすることで、公共交通機関で登校する子どもが通勤ラッシュの時間と重ならないようにしたのである。

この本校の対応に、ぼくはとても安心していた。4月当初の学校再開時は不安でいっぱいだったが、今回の再開に関してはそこまで大きな不安がなかったのである。それは、緊急事態宣言後に県内での感染者がほとんどでていなかったことや、小学生以下の子どもの感染例が全国的にわずかしかない上に、子どもが重症化する例がほぼなかったからだ。この2か月間で、ぼくの新型コロナウイルスに対する怖れ方も少しずつ変わったのである。

緊急事態宣言の解除を受け、娘の通う保育園でも強い自粛要請が解除された。そこで我が家では、娘を保育園に通わせるかどうかについて話し合った。その結果、現時点の状況であれば保育園に通わせることに大きな不安はないということや、保育園に行けないことが娘にとってはストレスになっていることも踏まえ、娘を保育園に通わせることに決めたのである。

そして、我が家ではもう一つ大きな話し合いを行った。ぼくの今後の勤務と育休についてである。県内では新型コロナウイルスが終息する兆しが見えており、学校再開に向けてぼくが出勤することについては、4月当初とは状況が大きく変わっていた。ぼくも妻も、今の状況であれば、ぼくが学校に出勤することに対して大きな不安はなくなっていたのである。

6月中旬からは学校が再開され、本校はここからまた忙しくなることが予想されていた。しかし、ぼくは育休に入る予定になっており、ぼくの代員はまだ見つかっていない状態であった。このままでは、学校が再開した後ぼくの担当する授業には穴が開き、また4月当初のように同僚に負担がかかることになるのは目に見えていたのである。

そこでぼくは、4月に管理職に提案した育休を撤回することを妻に相談した。娘を保育園に通わせるタイミングで、ぼくも出勤すべきだと考えたのである。妻は快く同意してくれた。実は緊急事態宣言の解除とほぼ同じタイミングで、妻は産後8週間が過ぎ体力がだいぶ戻ってきていた。そのため、もしまた感染が拡大し娘を保育園に通わせられない状況になったとしても、妻は1人でも何とかなると考えてくれたのである。

一方で、ぼくは育休自体を完全に撤回するという思いにはなれなかった。代員がいない状態で、十分な引き継ぎもできずに育休に入るということはしたくなかったが、それらの問題が解消されるのであれば、育休自体はとりたいと考えていたのだ。妻は2月に産休に入ってから3か月近く、ほとんど外出ができない状況で過ごしてきた。今後の新型コロナウイルスの状況にもよるが、もしかしたらこれからも育休中は息子を外出させられないかもしれない。これは、妻に相当なストレスを与えることになると思ったのだ。娘が生まれた時の育休中は、娘が生後3か月を過ぎたあたりから妻は積極的に娘と一緒に赤ちゃん向けのイベントや体験教室に参加していた。そうすることで、妻にとっては気晴らしになったり、育児について話ができるママ友を見付けたりできたのである。しかし今回の育休では、そのような機会に参加しにくいだけでなく、そもそもイベントや体験教室が開催されない可能性がある。身近な買い物ですら、息子を連れて行きにくくなるかもしれないのだ。そう考えると、ぼくが育休をとれば、妻は1人で外出をすることができるようになるかもしれない。さらに、ずっと家の中で家事と育児をし続けるというストレスを減らすこともできるかもしれない。ぼくはそう思ったのである。

また、我が家の家族計画は、この2人目が最後のつもりである。不妊治療を続けるのは時間的にも体力的にも金銭的にも負担が大きく、我が家は2人も恵まれたことで十分満足したからだ。だからこそ、2回目の育休は我が家にとって最後の育休になる。ぼくも妻も、この育休が終わった後は、もう数か月単位で仕事を休むということはできなくなるのである。極端な話かもしれないが、ここでぼくが育休をとらなければ、ぼくが定年退職するまでは妻とゆっくり過ごすことができる時間はないかもしれない。また、ぼくや妻が自分の時間をもってゆっくり過ごせるのもこの育休が最後のチャンスかもしれないのだ。

ぼくや妻にとって育休は、育児のための休みではあるが、同時に仕事から離れてリフレッシュできる時間でもある。はじめての育休の時もそうであったが、2人で育休をとったからこそお互いにゆっくりする時間がとれたり、家族で外出する時間がとれたりした。そんな時間はかけがえのない時間であり、そんな時間があったからこそ復帰後もより仕事に向き合えたのである。

これらのことを踏まえて、ぼくは当初考えていた「三学期の育休」という方向を再度調整したいと考えた。職場に負担をかけることにはなるが、三学期から育休をとるのであれば、それまでに代員が見つかる可能性は高いと思ったのである。

こうしてぼくは、一度育休を撤回し、三学期から改めて育休を取得させてもらえるように管理職と相談することに決めた。管理職や同僚の立場からすれば、また自分勝手なことを主張すると捉えられるだろうとは思ったが、それも含めて、自分なりに考えた末の結論であった。

育休撤回

緊急事態宣言が解除され娘を保育園に通わせられるようになったことや、妻が産後8週間を過ぎたことを受け、ぼくは管理職と今後の勤務について相談する場をもたせてもらった。

管理職には、まずこれまで迷惑をかけて申し訳なかったことを伝えた。そして、もし代員が見つかっていないのであれば育休を撤回することはできるか相談した。もちろん、復帰する以上はしっかり頑張らせてもらいたいという気持ちも伝えた。

管理職からは、快諾された。今後の学校再開を考えれば、職員が欠けることが大変になることは誰もがわかっていたからである。管理職は、ぼくの判断を好意的に受け止めてくれたのだ。

その上で、ぼくは育休を三学期にとらせてもらえないかという相談をした。管理職は、一瞬戸惑った表情を見せた。当然の反応である。育休を撤回して仕事を頑張りたいという意思を伝えているのに、違う期間で育休をとりたいと主張しているのだ。話が矛盾していると感じられても無理はないのである。ぼくは、三学期からの育休についてはコロナ騒動が起きる前から考えていたということや、コロナ騒動があったからこそよりその思いが強くなったということを伝えた。実際、昨年度の面談で育休をとりたい意思があることは伝えていたため、丁寧に説明すると管理職はぼくの考えを理解してくれた。ただ、今後の本校の状況を考えると、代員が見つかる可能性が高いとはいえ、できれば休まずに勤務してほしいと管理職が感じていることは伝わってきた。職場の状況を考えれば、ぼくもそうすべきだと思っていた。ただ、それでも妻のために育休をとりたいという意思は変わらなかった。ぼくは、正直に管理職に自分の意志を伝え、管理職に納得してもらったのである。

管理職との話し合いを終え、ぼくは同僚にも今後の勤務や育休の計画について報告した。同僚は、ぼくが復帰し今後も授業を行っていくことについては歓迎してくれた。ただ、三学期から育休をとって休むということについては、戸惑いを感じている同僚もいた。一部の同僚からすれば、これまで負担をかけてきたにも関わらず、また休むことを計画しているということは理解しがたかったのだと思う。当然である。

コラム 8

育休の撤回

現行の育児・介護休業法では、育休の撤回については以下のように定められている。

○育児休業申出をした労働者は、当該育児休業申出に係る育児休業開始予定日とされた日の前日までは、当該育児休業申出を撤回することができる。

○育児休業申出を撤回した労働者は、当該育児休業申出に係る子については、厚生労働省令で定める特別の事情がある場合を除き、育児休業申出をすることができない。

つまり、基本的に育休は撤回できるが、一度撤回するともう育休はとれなくなるのである。

ただ、本校においては育休を撤回した場合も1回に限り再度の申出をすることができるという規定になっていた。これは本校が国立大学の附属小学校であることから、民間企業に適用される育児・介護休業法の解釈がそのまま規定にならなかったからかもしれない（公務員に適用される育児休業法については、育休の撤回について定められている条文は見当たらなかった）。

とはいえ、育休を撤回するということは職場に大きな影響を与えてしまうため、ぼくのように育休を撤回したり期間を変更したりするということは、基本的に御法度なのである。

学校再開と一・二学期の働き方

6月中旬から本格的に学校が再開され、子ども達とは久しぶりに再会した。ぼくは、子ども達とまた体育の授業が行えることに幸せを感じながら、学校再開後の日々を過ごした。

6月中旬以降の学校の時程は、10時から1時間目が開始となったため、朝の出勤はこれまでより余裕をもてるようになった。そのためぼくは、昨年度の三学期のように朝娘を保育園に預けて出勤することができれば理想的だと考えていた。しかし、これはある問題によりできなかった。

実は5月下旬から、我が家は娘を保育園に預けられる時間が変わったのである。これまでは朝7時~夕方6時まで預かってもらえたのだが、5月下旬からは朝8時半~夕方4時半までとなったのだ。これは、我が家は妻が育児休業中で仕事をしていないという状況であることから、自治体から認定される保育時間の区分が、これまでの「保育標準時間」から「保育短時間」に変更されたためであった（詳しくはコラム⑨参照）。

これにより我が家は、娘を朝8時半以降に保育園に登園させなければならず、お迎えは4時半までに行かなければならないという状況になった。そのため、ぼくが娘を登園させてから出勤していると、仕事に遅刻してしまうことになったのだ。本校では、子ども達は10時の授業に間に合うように登校すればよいが、職員は普段通り8時25分までに出勤しなければならなかったのである。

そのためぼくは、毎日娘を保育園に送ることは難しいと判断した。また、迎えについても毎日4時半に行くということは現実的には不可能であった。本校の勤務時間は4時55分までなのである。結果的に、娘の保育園の送り迎えは妻に任せることになった。保育園の送り迎えができない分、ぼくはなるべく早く帰宅できるようにした。早く帰宅すると決めて仕事をしたことで、一学期は6時～7時には帰宅できるように仕事を調整して働くことができた。

しかし、二学期になると帰宅時間が遅くなる日が増えた。それは、運動会や教育実習といった行事を感染対策をしながら工夫して行うことになり、例年以上に準備に時間がかかったからである。そのため、日によっては帰宅した時に妻も子どもも寝ているということがあった。なるべく忙しくても遅くまで無理するという働き方はしないようにしていたが、コロナ禍という状況では、なかなか思い通りにはいかなかったのである。

コラム 9

保育標準時間と保育短時間

認可保育園における保育時間は11時間が基本とされているが、これは認可保育園を利用するすべての家庭に適用されるというわけではない。両親の1か月あたりの就労時間等に応じて保育の必要量の認定が行われ、保育可能時間が二つに区分されるのである。それが保育標準時間と保育短時間である。

「保育標準時間」は1日の保育可能時間が11時間とされ、両親の1か月あたりの就労時間がそれぞれ120時間以上の家庭に適用される。なお、就労時間が120時間に満たなくても、通勤時間や残業、または就労時間帯などによっては、保育標準時間が認定される場合もある。

一方、「保育短時間」は1日の保育可能時間が8時間とされ、両親どちらかの就労時間が120時間未満の場合に適用される。

我が家の場合、妻が育休に入るまでは保育標準時間で保育園に娘を預けることができていたのだが、妻が育休に入ったことにより保育短時間に変更されたのである（ちなみに、妻の産休中は保育標準時間が適用されており、産後8週間を過ぎ産休から育休に変わったタイミングで保育短時間に変更された）。

実は認可保育園の産休・育休中の保育可能時間の区分については自治体によって判断が異なっており、育休中は保育自体が認められずに一時的に保育園の退園を求められる地域も存在している。そのため、産休・育休中の保育可能時間については、認可保育園を検討する際にしっかり確認しておくことが重要である。

息子の成長とぼくの家での役割

息子は4月に生まれてからすくすくと成長した。生後4か月ごろには寝返りやハイハイができるようになり、家の中を移動していろいろなものを触って遊ぶようになった。2歳の娘も次第に息子を弟と認識するようになり、頭をなでなでしたり、話しかけたりして息子をかわいがるようになっていった。

息子の成長に伴い、家での役割分担も徐々に変わっていった。まず、お風呂である。息子が生まれてから4か月ごろまでは、娘と息子を別々にお風呂に入れるようにしていた。まず夕方ごろに妻が娘をお風呂に入れ、その後帰宅したぼくが息子をお風呂に入れるという具合である。お風呂の時は息子から目が離せないため、娘と一緒に入れるのは難しいと考えていたからである。しかし生後5か月ごろ、息子用にバスチェアを購入してお風呂で座らせてみると、意外にも息子は落ち着いて座ったのである。そこで、ぼくの帰宅時間が7時を越えることが増えてきたころから、我が家では娘と息子をまとめてお風呂に入れるようにしたのだ。平日は妻が、休日はぼくが2人まとめてお風呂に入れることになった。

2人まとめてお風呂に入れるというのは大変だと思っていたが、実際やってるとぼくも妻もそう感じなかった。娘はある程度自分でも体が洗えるようになっており、息子はバスチェアでのんびり待つことができているのである。さらに、ぼくや娘が体を洗っている時に、息子の顔にお湯がかかったとしても、息子は騒ぐこともなく平気な顔をしていたのだ。また、息子の体を洗っている時には、娘は騒いだりせずに静かに待ってくれた。時には一緒に息子を洗うのを手伝ってくれたりもした。

ふり返ってみると娘が0歳の時、ぼくは娘を脱衣所で待たせ、自分の体を先に洗ってから娘をお風呂場に入れていたが、それは心配し過ぎていただけなのだろう。0歳の息子は、ぼくと娘が体を洗っている間も、お風呂場のバスチェアでお利口に待っている。どんなにお湯がかかっても、全然騒がない。そう思うと、娘の時もバスチェアを使えばよかったと感じるのであった。

ただ、2人になると大変な面もあった。それは、お風呂の後の着替えである。娘は自分である程度着替えができるようにはなっているが、タオルで自分の体をきれいにふくことはできない。着替えも、多少は手伝う必要がある。そして息子は、当然すべて親がしなければならない。

お風呂から出ると、まずぼくは息子の体をすばやくふき、おむつを付ける。おむつを付けないと脱衣所でおしっこをしてしまった時に大変だからだ。そして息子を一時的にバスタオルでくるんで今度は娘の体をふく。その後、娘が着替えをしている間に息子の着替えを進めていく。息子の着替えが終わると、やっとぼくの着替えができるのだ。しかし、途中で娘からのヘルプがかかる。服を前後反対に着てしまったり、ボタンがうまくかけられなかったりするからである。そんな娘に対応していると、今度は突然「ドン！」という物音がする。息子が脱衣所をハイハイでかけまわり、洗面台の前においてある娘用の踏み台に頭をぶつけたり、洗濯機の下に手や頭を入れようとして洗濯機にぶつかったりするのである。そして息子は大泣きする。そんなことが頻繁に起きるのだ。

ただ、それもだんだんと慣れてくる。慣れてくると、いろんなハプニングが起きてもそれを楽しめる余裕が生まれるのである。何事も、慣れるというのは大切なことなのだろう。

次に息子の成長に伴って変わった役割分担は、食事である。生後6か月ごろから息子の離乳食が始まったのだ。はじめは1日1回(1回食)だったが、成長に伴い離乳食は1日2回(2回食)、3回(3回食)と増えていった。息子は離乳食を嫌がらずによく食べていたため、食べる量も順調に増やすことができた。また我が家では、2回食になった時から離乳食を家族の食事のタイミングに合わせて食べさせるようにした。そうすると、食事の準備、片付けを家族まとめて行えたり、家族4人で一緒に食卓を囲めたりするというよさがあったからである。息子の離乳食は、朝食と夕食のタイミングで基本的にぼくが食べさせることになった。

　朝食の時間に離乳食を食べさせるようになったことで、ぼくの出勤時間は必然的に遅くなった。2回食が始まる前の11月ごろまでは、遅くても朝7時前には家を出発していたが、11月以降は朝7時を過ぎてから家を出発することが多くなった。その結果、朝の渋滞に巻き込まれることも増え、学校に出勤できるのは早くて8時前、遅いと8時半ごろになった。そのため、どうしても朝早めに出勤する必要がある時や、ぼくの帰りが遅くなる時は、妻に食べさせてもらうようにして対応したのだった。

　ちなみに息子の離乳食に関しては、こんな失敗談がある。ぼくが息子に離乳食を食べさせていると、食材や食感によって息子が食べるのを嫌がることがある。そんな時、ぼくは息子に対してつい、

「どうしたの？　これはおいしくないのかな？」

　などと言ってしまうのだが、これがいけないのだ。その言葉を聞いた妻の機嫌が悪くなるのである。そう、離乳食を作っているのは、妻なのだ。

「おいしくないって、どういうこと！　だったら自分で作ってみれば。」

妻にそう言われてしまうと、もうぼくは何も言い返せない。離乳食を食べさせる時は、息子のことだけでなく、作ってくれた妻のことも考えながら対応していくことが重要だと気付かされたのであった。

息子の保育園問題

息子の成長とともに考えなければならない重要なことに、保育園のことがあった。そう、二度目の保活である。我が家では、息子がほぼ1歳になる2021年の4月入園を目指すことにしていたのだが、相変わらずぼくの住む地域は全国でもトップレベルの待機児童数を誇っており、息子の保育園入園についてはいろいろと考えておく必要があったのだ。

ただ、息子の保活については、娘の保活の時よりは厳しい状況ではないという展望があった。それは、いい条件がいくつかそろっていたからである。まず一つは0歳児の4月入園で申し込めるということである。一番の激戦区である1歳児入園には巻き込まれなかったのだ。そして二つ目が、娘の存在である。我が家は娘がすでに保育園に通っている。そのため、娘と同じ保育園への入園を希望する場合は、優先度が高いと判断されて点数が加点されることになっていたのだ。これは、かなり有利な条件であった。

そこで我が家は、息子の保育園入園計画を次のように考えたのである。

①認可保育園については娘の通っている保育園のみを希望する（第3希望まで申し込めるが、第1希望しか書かない）。

②認可外保育園は、娘の時と同じように認可保育園との併願を認めてくれる園に申し込む（娘の時に内定をもらえた園が有力）。

①については一見もったいないように感じるかもしれないが、我が家にとってはこうすることが最善だったのだ。我が家の希望は、娘の通っている保育園に息子を入園させることである。それができなければ、毎日送り迎えで2か所の保育園に行かなければならなくなる。そのため、もし第3希望まで書いておいて、娘の通う保育園とは違う園に内定が出てしまっては困るのである。ぼくの住む地域では、認可

保育園の転園は基本的に認められていないため、娘の通う保育園以外の認可保育園に内定が出てしまうと、卒園まで通わなければならないのだ。

一方、認可保育園との併願を認めてくれる認可外保育園であれば、入園後も娘の通う保育園に途中入園で申し込み続けることができる。また、もし途中入園で1年間入園できなくても、次の2022年度の4月入園に1歳児で申し込むこともできるのである。つまり、今回娘の通う保育園から内定がもらえなかったとしても、他の認可保育園に通えるようになるよりは、認可外保育園に通えるようになったほうが、後々娘と同じ保育園に入園できるチャンスが残されるということなのである。

こうして我が家は、まず10月ごろに認可外保育園の4月入園に申し込み、11月には認可保育園の4月入園にも申し込んだ。計画通り、認可保育園の希望の欄は娘の通う保育園のみ記入して提出した。

そして11月中旬、申し込んでいた認可外保育園から連絡があった。見事、内定をもらうことができたのである。この保育園は妻の職場から近い所にあり、認可外保育園では優先順位が一番高かったので、まずはひと安心であった。あとは、認可保育園の結果を待つのみとなった。

1月下旬、ついに認可保育園の入園の結果が届いた。結果は……見事内定！　我が家は無事、息子を娘と同じ認可保育園に入園させることができるようになった。やはり0歳児入園ということや、娘が通っていることによる加点が有利に働いたのであろう。そう思うと、娘の時にしっかり保活できたことは本当によかった。また、息子が予定日より遅くなり4月に生まれてきたことも、この点に関してはよかったと思う。本当に我が家は、いろいろなことに恵まれたのである。

二度目の育休に向けた準備

10月ごろから、ぼくは少しずつ職場で育休に向けた準備や手続きを進め始めた。5月下旬に三学期からの育休を管理職や同僚に伝えて以降、育休の開始日や終了日などの細かい調整はできていなかったため、この時期から詰めていったのである。ぼくは育休の期間を12月28日から3月31日に設定することを管理職と相談して決めた。12月28日というのは12月の最終勤務日であるが、子ども達は冬休みに入っているため、職員も有休で休むことが推奨されている日である。ぼくが育休の開始日をこの12月28日に設定したのは、大きく二つの理由があった。

一つは、引き継ぎの準備時間の確保である。三学期は、ぼくの代員として来てくれる先生が授業をすることになる。そのため、ぼくは代員の先生と引き継ぎをしなくてはならないのだが、おそらくその準備は年内ギリギリまでかかると思ったのだ。しかし、もし年を越してしまうと、今度は代員の先生の勤務開始日が遅くなり、勤務してすぐに三学期の始業となる。基本的に代員の先生はぼくの育休と入れ替わる形で勤務することになるため、準備期間を設けて勤務してもらうためには年内に育休に入るほうがよいと考えたのである。

そしてもう一つは、お金のことである。第1章でも触れたが、育休中は社会保険料が免除される。そしてこの社会保険料免除という仕組みを最大限活かす方法の一つが、月末からの育休なのである。

社会保険料は月単位で考えられ、育休期間の社会保険料については、法的には「育児休業等を開始した日の属する月からその育児休業等が終了する日の翌日が属する月の前月までの期間」免除されると定められている。具体的に言うと、12月の終わりから育休を始めるのと、1月のはじめから育休を始めるのとでは、免除される社会保険料が変わってくるのである。12月の終わりから育休をとれば、12月分の社会保険料が免除されることになる。さらに、本校は12月にボーナスが支給されるため、12月中に育休をとると、ボーナスにかかる社会保険料も免除されることになるのである。もちろん、12月の最終出勤日に育休に入ることになるため、12月分の給料そのものは、1日分少なくなるのであるが、それよりも社会保険料が免除されるほうが圧倒的に金銭的なメリットが大きくなるのだ。ぼくの場合、12月に社会保険料が免除されることによる金銭的メリットは、1日分少なくなる給料分を差し引いても、10万円以上はあった。育休開始日が1日違うだけで、これだけの額が変わってしまうのが社会保険料免除の仕組みなのである。

ちなみに、育休終了を3月31日にしていることは、翌日の4月1日の新年度の始まりに復帰することがきりがよいと考えたからであるが、結果的には社会保険料免除のメリットを最大限受けられる日程にもなっている。育休終了日が月末の場合、その月の社会保険料も免除されることになるからである。

ただし、誤解されないように書いておくが、ぼくは金銭的なメリットを受けることを第一の目的に育休の期間を設定したわけではない。あくまでも三学期の間は育休をとるということを先に決めていた上で細かい日程を調整したのである。ぼくはこの日程調整の際に社会保険料のことも考慮したのだ。長期間の育休をとるということは、それだけの期間収入が減少することになる。家族との生活のために、受けられる免除は受けたほうがよい。ぼくはそう判断したのである。

だが、この社会保険料免除の仕組みは、月末の数日間だけ育休をとって手取り額を増やそうと悪用されることが実際に起きている。そのため、政府は2022年から育休中における社会保険料を免除する適用条件を変更することにしている（276ページ「コラム⑪」参照）。ボーナスに対する社会保険料免除は、連続1か月以上の育休取得者に限定し、毎月の給料に対する社会保険料免除は、同じ月に2週間以上育休を取得したかで判断するようになるのである。この変更は、ぼくも基本的に賛成である。

三学期に向けた引き継ぎ

12月に入り、ぼくは三学期に向けて本格的に引き継ぎの準備を進めていくことになった。管理職からぼくの代員が決まったという連絡を受け、12月下旬に代員の先生と引き継ぎをすることになったからである。今回も、管理職が中心となってこのコロナ禍にも関わらず人材を見つけてきてくれたのだ。本当にありがたい限りである。

ぼくはまず、三学期に行う体育の授業の進め方をまとめることにした。授業に必要な教具をそろえたり、進め方の資料を作成したりしたのだ。資料の中には、実際にどのように進めていくのかをぼくが説明している動画も入れることにした。これは、前回の育休の時には作成していなかったのだが、今回はより伝わりやすくするためにやってみることにしたのである。

資料の作成にはかなりの時間がかかった。特に、動画の資料づくりは大変だった。3か月分の授業の進め方を撮影する必要があったため、思った以上に撮影に時間がかかり、12月中旬は帰りが遅くなる日が増えたのである。これは、前回の育休前と同じ現象であった。ただ、それでもぼくは娘や息子が寝るまでには帰るようにした。

夜家に帰ってからは、少ない時間でも娘や息子と一緒に遊んだり、寝かしつけたりするようにした。このあたりは、前回の育休前より改善できたところである。とはいえ、ぼくは家族が寝静まった後に、撮影した動画を編集するという作業をしていたため、結局この時期は毎日寝不足になりながら仕事をするという日々が続いたのであった。

12月下旬、ついに引き継ぎの日がやってきた。三学期から来てくれるぼくの代員の先生は教師経験が豊富なベテランの先生だったため、とても安心して引き継ぎを行うことができた。そして代員の先生はぼくの資料を見て、三学期の授業のイメージがもてたようであった。思っていた以上に動画の資料は効果的だったため、時間をかけて作成した甲斐があったと感じた。2時間ほどかけ、ぼくは無事に三学期に向けて代員の先生との引き継ぎを終えることができたのであった。

二学期まで一緒に授業をしてきた子ども達には、二学期の終業式の前日にぼくから育休に入ることを伝えた。ぼくが休むことを残念がる子どももいたが、

「先生、赤ちゃんのお世話、頑張ってね！」

と、声をかけてくれる子ども達もたくさんいた。終業式の日には、二学期までの感謝の気持ちや育休にむけてのエールを手紙に書いて渡してくれる子どももいた。ぼくは改めて、子ども達に支えられて仕事ができていることに気付かされた。

正直、このコロナ禍に育休をとることを理解してもらうのは難しいことだと思う。ぼくに対しては管理職や同僚、子どもや保護者など、様々な立場から様々な感情があったはずである。だからこそ、ぼくはこの育休が復帰後の仕事に活かされるようにしなくてはいけないと思った。育休をとって、パワーアップして帰ってくることが、今後の職場に貢献する一番の方法だと思ったからである。

こうしてぼくは、二学期の勤務を終え、育休に入った。

二度目の育休生活

育休スタートと年末年始

12月28日。ぼくの二度目の育休生活がスタートした。育休に入ったことで、ぼくは例年とは違う気分で年末年始を迎えることとなった。例年であれば、年末年始は大掃除や帰省、初詣といった家族での行事とともに、三学期に向けた仕事の準備など、休みでありながらもバタバタしていることが多かった。しかし今回の年末年始については、かなり余裕をもって過ごすことができると考えていたのだ。

まず我が家は、この年末に大掃除をしないことにした。それは、わざわざ年末に大掃除をしなくても何とかなると考えたからである。例年、我が家は年末最後のゴミ収集日の前日に大掃除を行っていた。ぼくの住んでいる地域では、週に2回決まった曜日にゴミ収集があるのだが、年始の1回目に限っては収集が休みになるためである。つまり、年末最後の収集日から1週間はゴミが出せなくなるため、例年我が家は年末最後の収集日に合わせて大掃除をしていたのだ。

しかし、今回は年が明けてゴミ収集が再開された後でもぼくが家にいる。そうであれば、1月になってから大掃除をしたほうが効率的だと考えたのである。大掃除は大人の手が必要だが、幼い娘や息子は全く戦力にならない。むしろ娘や息子がいることで大掃除が進まなくなるのである。そのため我が家では、1月になり平日に娘が保育園に行っている時間帯を使ってぼくと妻で大掃除をすることにしたのである。

また、この年末年始は新型コロナウイルスの感染拡大という社会情勢を踏まえ、県外にあるぼくの実家への帰省は行わないことにした。初詣についても、元日ではなく日をずらして人が少ない時間帯に行くことにしたのである。

こうしてぼくの育休と新型コロナウイルスの感染拡大という状況により、我が家は年末年始にバタバタせず、家でゆっくり過ごせるようになった。ただ、どうしても年末にしておかなければならないことが一つだけあった。それは、娘の誕生日パーティーである。

娘の誕生日は12月30日。大晦日の前日である。2歳の誕生日の時もそれなりに部屋に飾りつけをしたり、ケーキを準備したりして祝ったのだが、今回はさらに準備に力を入れることができる。娘自身も、3歳ともなれば自分の誕生日の意味を理解し、当日を楽しみにしているのだ。そこで娘の誕生日の前日、ぼくは昼間に飾りつけの買い出しに行き、夜娘と息子を寝かしつけた後に妻と部屋に大量の飾りつけをしたのである。

誕生日当日。娘は朝起きてリビングに飾りつけがされているのを見て大喜び。お昼にはケーキを食べたりプレゼントをもらったりして、終始ご機嫌であった。昨年以上に盛大なパーティーとなったため、ぼくも妻も大変だったのだが、娘が喜んでくれたのであればそれに越したことはない。しっかり準備した甲斐があったというものである。

こうして、年末年始の唯一のビッグイベントは終わった。その後の我が家は、家でゆったりお正月を過ごすことになった。

育休中の計画

年末年始のゆっくりできる時間を使って、ぼくは妻と育休中の過ごし方について話し合った。実はぼくが育休に入る前から、

「育休中に、あなたと一緒にしたい仕事があるのよ。」
と妻に何度も言われていたからだ。妻は、ぼくの育休中に次のようなことをしたいと考えていたのである。

まず一つ目は、家の中を家事育児がしやすい環境にするということである。息子が生まれたことで我が家の家事育児は慌ただしくなった。そして息子の行動範囲が広がるこれからはさらに大変になることが予想されていた。そのため妻は、今家にある家具の必要性や配置の仕方などを改めて考え直し、家の中で家事育児を安全かつ効率的に行えるように改善したいと考えていたのだ。これは、ぼくも同感であった。

二つ目は、息子の保育園の入園準備である。4月には息子が保育園に入園する。そのため、保育園で必要な用具を買いそろえたり、それらにひとつひとつ名前を書いたり縫い付けたりしていく必要があるのだ。妻は娘が保育園に入園する時、これらのことをほぼ1人でしたのだが、かなり大変な作業であったため、今回はその作業をぼくと2人で分担して行いたいと考えたのである。このことについても、ぼくは妻の考えに賛同した。

妻にとっては、この二つがぼくと3月までにしておきたい大きな仕事であった。そして話し合った末、我が家は1月に家の環境整備、2月以降に保育園の入園準備を行うという計画で進めていくことになった。

また、妻との話し合いでは娘の保育園についてもどうするかが話題になった。どうするかというのは、これまでと同じように通わせるかどうかということである。そもそも保育園というのは、親が子どもを見ることができないから預ける場所である。ただ、今回はぼくも妻も家にいるという状況である。その状況で娘を保育園に通わせるということに、ぼくも妻も少しひっかかる部分があったのだ。もちろん、息子の育児のために家にいるため、制度上は娘を保育園に預けることは問題ない。これは役所にも保育園にも確認済みである。ただ、当たり前のように通わせていいものか……とも思ったのである。

実は保育園からもその点については相談があった。ぼくが育休をとるにあたり、娘を保育園に預けることは問題ないが、家族で過ごす時間を優先させてもらっても構わないと言われたのである。我が家は、どうすべきかさらに悩むことになった。

ぼくと妻は話し合った結果、「娘は保育園に通わせる」ということに決めた。これは、娘のことを考えたからである。娘はとにかく保育園が大好きである。春の自粛中も、保育園に行きたがっていた。家族といるのも楽しいのだが、たくさんの遊具やおもちゃがあり、やさしい先生や友達がいて、おいしい給食やおやつを食べられる保育園は娘にとってとても楽しい場所なのである。また、ここで3か月近く登園せず4月からまた毎日登園するというのは、娘にとっても負担になるだろうと考えたのである。

ただし、我が家は娘を毎日朝から夕方まで預けるということにはせず、月曜日・水曜日・金曜日の週3回は午前中だけ預けて昼ごろに迎えに行くことにしたのだ。実は午前のみの保育については、保育園から提案された方法の一つであった。娘の通う保育園では昼の12時前に給食を食べ、その後はお昼寝の時間になっている。そのため午前中のみの保育にする場合は、給食を食べた後に迎えに行くことになるのだ。食べることが大好きな娘は、給食を食べて帰れるのなら満足するであろう。ぼくと妻はそう思い、週3回、この午前中のみの保育を活用させてもらうことにしたのである。

我が家の方針を保育園に伝えると、保育園は快く対応してくれた。こうしてぼくの育休中は、週3回は午前中のみ、週2回は1日娘を保育園で預かってもらうことになった。もちろん、息子を病院に連れて行くなどの用事がある時は、予定を変更して1日預かってもらう場合があることも事前に保育園に了承してもらった。

育休中の役割分担

年末年始の間には、育休中の役割分担についても妻と話し合った。今回も一度目の育休の時のように家事当番を決めることにしたのだが、今回は一度目の育休の時とは違う分担の仕方をした。具体的には、次のような分担である。

①朝食・夕食づくりは基本的に毎日妻が行う
②子どもをお風呂に入れることについては、基本的にぼくが毎日行う。
③掃除、昼食づくり、離乳食づくり、食器洗い、娘の送り迎えなどは1週間単位で担当を交代制にする。

①と②については、育休後も継続して行うことを見越してこのようにした。今回の育休は、娘の時とは違い育休が終了するとともに息子は保育園に入園する。そしてぼくが職場に復帰する翌月には、妻も職場に復帰することになる。そのため我が家は、今回の育休を復帰後の生活の準備段階として過ごすことにしたのだ。そう考えた時、朝食と夕食については妻の役割とし、子どもをお風呂に入れることについてい

てはぼくの役割とすればよいと判断したのである（妻と話し合い、復帰後はなるべく早く帰宅してぼくが娘と息子をお風呂に入れることにしたのだ）。ただし、これらの役割は固定することにこだわるつもりはなかった。土曜日の夕食に関してはぼくが作ることにしたり、たまには妻と子どもでお風呂に入る日を作ったりするなど、柔軟に運用することにしたのだ。おそらく復帰後も、これらの役割は完全に固定されることなく、状況に応じてお互いに助け合わなければならないと思ったからである。

③については、復帰後もお互いに交代しながら行うことになる家事や、育休中にしか発生しない家事を、前回の育休の時と同じように1週間での交代制にしたのである。その中でも離乳食づくりについては、妻からの強い希望で分担することに決まった。どうやら妻は、ぼくに離乳食づくりの大変さを味わわせたかったらしい。後述するが、これは確かに大変であった。

我が家では、家事当番Aが「昼食づくり、離乳食づくり、娘の保育園の送り迎え、保育園の準備」を行い、家事当番Bが「掃除、食器洗い（昼と夜）、夕方の洗濯物の取り込み」を行うことにした。娘の保育園の送り迎えについては、当初は送りと迎えをAとBで分けようかと考えたのだが、妻と相談した結果まとめることとなった。

それは、別々にするとどちらも毎日保育園に行くことになり、妻にとっては毎日化粧が必要になるからである。確かに、たった10分程度保育園に滞在するだけのために化粧をしなければならないのは面倒である。かといって、保育園の先生や他の子どもの親に会うことを考えると化粧をしないというわけにはいかないのであろう。そのため、我が家では保育園の送り迎えは同じ人が行くことにしたのだ。そうすることで妻は家事当番Bになった時、特に外出の予定がなければ化粧をせずに1日中過ごすことができるようになった。

育休中、ぼくと妻はこの家事当番Aと家事当番Bを1週間ごとに交代して運用した。育休中の我が家の主な1日の流れ（平日）は、次のようなものである。

5:00

・起床する。
・洗濯機から洗濯・乾燥が終わっている衣類を取り出し、まだ洗っていない子ども服を洗濯機に入れて洗濯をスタートする。（ぼくの仕事）
・朝食の支度をする。（妻の仕事）
・洗濯機から取り出した衣類を片付ける。（ぼくの仕事）

6:00

・朝食。息子に離乳食を食べさせる。（ぼくの仕事）
・朝食後に食器類の洗い物をする。（妻の仕事）
・洗濯が終わった子ども服を外に干す。（ぼくの仕事）
※我が家では、子ども服は傷みやすいため乾燥機を使用しないようにしていた

7:00

・娘の着替えの手伝いや保育園の準備物を整える。（家事当番A）
・家の中を掃除する。（家事当番B）

8:00

・身支度を整え、娘を保育園に連れて行く。（家事当番A）
・家事当番Aが帰宅するまで息子を見る。（家事当番B）
・11時ごろまでフリータイム。ただし、どちらかは息子を見る。

11:00

・昼食の支度。（家事当番A）
・昼食。息子に離乳食を食べさせる。（家事当番B）
・昼食後は食器類の洗い物をする。（家事当番B）

12:00

・月、水、金曜日は娘を保育園に迎えに行く。（家事当番A）
・3時ごろまでフリータイム。ただし、どちらかは息子を見る。
（月、水、金曜日は、娘は2階の寝室で3時ごろまでお昼寝をしている）

15:00

・家族でティータイムをとる。娘や息子もおかしを食べる。

16:00

・火、木曜日は娘を保育園に迎えに行く。（家事当番A）
・外に干している子ども服を取り込み、片付ける。（家事当番B）

17:00

・お風呂の準備をする。（家事当番B）
・妻がお風呂に入る。
・妻が出た後に娘と息子と一緒にお風呂に入る。（ぼくの仕事）
・夕食の支度をする。（妻の仕事）
・お風呂を掃除する。（ぼくの仕事）

18:00

・夕食。息子に離乳食を食べさせる。（ぼくの仕事）
・夕食後は食器類の洗い物をする。（家事当番B）
・家族団らんの時間を過ごす。

20:00

・洗濯機の予約を翌朝に仕上がるようにセットする。（ぼくの仕事）
・娘と一緒に2階の寝室に上がり、寝かしつける。（妻の仕事）

21:00

・1階で息子を寝かしつけ、2階が静かになったら寝室に上がる。（ぼくの仕事）

もちろんこの1日の流れの中に、子どもの世話をしたり子どもと遊んだりする時間が随時入ってくる。やはり子どもが2人になると、一度目の育休中に比べてぼくや妻が自由に使える時間は少なくなった。それでも、2人で育休をとっていることで家事や育児については余裕をもって進めることができた。

フリータイムは、家の環境整備や保育園の入園準備、離乳食づくりなどの時間になることが多かったが、余裕がある時は自分の時間にしたり、家族とゆっくり過ごす時間にしたりすることができた。

離乳食づくり

育休中に行った家事で、ぼくが一番大変だと感じたのは離乳食づくりであった。一度目の育休は、娘が生後3か月〜6か月ごろまでの期間だったため、娘の食事は主に母乳であった。しかし今回の育休は、息子が生後9か月ごろからスタートする。この時期の息子の栄養源は、離乳食が大きくなっている。そのため、離乳食づくりは重要な家事の一つとなっていたのである。

生後9か月ごろからは、離乳食後期と言われ、それまでは1日2回だった離乳食が3回になり、食材によっては手づかみで食べることもできるようになってくる。離乳食の内容も、おかゆなどの主食、肉や魚や豆腐などがとれる主菜、野菜がとれる副菜や汁物と、それなりに品数が必要になるのである。とはいえ、当然大人と同じ料理は食べられない。そのため大人の料理とは別に、離乳食を毎日3食分用意しなくてはならないのである。

我が家では、離乳食は毎食4品出すことを基本とした。主食、主菜、副菜、汁物である。ただ、毎回調理するのは大変なため、一度に3日分程度作っておき、それを小分けにして冷凍保存しておくようにした。そうすることで、冷凍庫から出した調理済みの離乳食をレンジで温めるだけで、すぐ息子に食べさせることができるのである。これは、娘の離乳食の時から妻が行っていた方法であった。

今回の育休では、離乳食づくりは家事当番の仕事となったため隔週で回ってくる。そのため当番になった時は、週に2回程度離乳食づくりをすることになった。ぼくはまず、妻に離乳食の作り方を教わることからスタートした。基本的には離乳食のレシピ本の中から、冷凍保存ができるものを選んで作っていくのだが、教われば教わるほど、離乳食づくりは手間が多いことがわかった。

離乳食後期とはいえ、生後9か月はまだ歯が少ししか生えていない。大人のように歯を使って硬い物を噛み切ることはできず、食べ物は舌や歯茎でつぶして食べるのである。そのため、離乳食を作る時には食材を大きすぎず、硬すぎないように調理しなくてはならない。細かく切ったり、すりつぶしたり、時間をかけて柔らかくなるように煮込んだりと、とにかく手間と時間がかかる工程を経なくてはならないのである。

案の定、最初の離乳食づくりは数時間かかった。正確には、1日では終わらずに次の日も作ることとなった。妻はいつも1～2時間程度で3日分ほどの離乳食を作っていたのだが、実際に作ってみてそのすごさが身に染みてわかったのである。

野菜の皮むきやみじん切りといった作業もかなり大変なのだが、いくつもの品を同時進行で作っていくということもまた大変なのである。コンロとレンジが常に稼働し、調理台の上はまな板と食材、レシピ本で埋まっているのである。そしてシンクの中は調理で使った鍋やお皿などであふれている。複数の品を同時に作っていくというのは、料理に慣れていないぼくからするとカオス状態になるのであった。

なんとかはじめての離乳食が完成した時、ぼくは疲労困憊であった。それでも、ぼくが作った離乳食を息子が食べてくれると嬉しいものである。時間をかけて作った甲斐があったと感じるのだ。ただ、食材が大きすぎたり硬かったりして息子が食べにくそうにすることもあった。そんな姿をみると、「しまった！　もっと食べやすいように作らないと」と反省させられるのであった。こうして、ぼくは離乳食づくりの大変さを感じながらも、離乳食づくりへの意欲を高めていくことになった。

その後、なかなか妻のように1～2時間で離乳食が作れるようにはならなかったが、ぼくなりにいろいろと工夫をしたことで、少しずつ効率的に調理ができるようにはなった。まず工夫したのは調理器具である。料理が得意でないぼくにとって、野菜の皮むきやみじん切りなどの工程は非常に時間がかかる。ただ、現代にはそんなぼくのような人のために、便利な調理器具がたくさん売られているのである。ぼくは、ナイフのように持つことができ、簡単に野菜の皮がむける「縦型ピーラー」や、野菜を入れて数回レバーを引くだけでみじん切りにできる「野菜のみじん切りチョッパー」、食材をおろす・つぶす・まぜるといった調理が一つの器具でできる「万能調理スプーン」などを購入したのだ。調理器具の力はすごいものである。それまで何十分もかけてやっていたことがたった数分でできるようになったのだ。

また、調理方法もいろいろ調べていくことで効率的に行えるようになった。野菜を煮込む時は一度レンジで温めてから煮込むようにしたり、みかんの薄皮をむくときは包丁で軽く切れ込みを入れてからむくようにしたりすると、時短で調理ができるようになったのである。大変だった複数の品を同時進行することにも徐々に慣れてきたが、頭が混乱しそうな時は一品ずつ順序よく作るほうが結果的には早くできるということもあった。

こうしてぼくは、育休中に隔週で離乳食を作り続けた。「キャベツのお好み焼き」や「ごぼうのきんぴら風」「鶏そぼろバーグ」など、名前だけ聞くと自分でも頑張ったなと思えるメニューを数多く作ることができたのであった。

ただ、改めて妻のすごさや大変さを感じることにもなった。ぼくは育休中、はじめて手があかぎれになった。乾燥している冬場に水場での家事が多くなると必然的にそうなるのであろう。そしてその状態で食器洗いなどの家事をすると、相当な痛みを伴うのである。振り返ってみると、妻は毎年冬にあかぎれになりながら料理や食器洗いをしていた。にもかかわらず、ぼくはそのことをあまり気にしていなかった。しかし今回、実際に自分があかぎれになることを体験してはじめて、妻の大変さがわかったのである。

妻はすごい。そして、これまでごめんなさい。

コラム 10

離乳食の目的と進め方

「離乳食」とは、それまで母乳やミルクしか飲めなかった赤ちゃんが母乳やミルク以外の食品からも栄養を摂取し、幼児食へと移行する過程の食事のことである。そのため、離乳食では月齢に応じて母乳やミルクの割合、食品の大きさや硬さを変え、様々な食品の味や食感を赤ちゃんに覚えさせていく必要があるのだ。

離乳食は母乳やミルクでは足りなくなる栄養を補うという意味に加え、食事の練習という意味もある。いつか大人と同じものが食べられるように、離乳食を食べて胃や腸の消化吸収力を高めていくのである。

離乳食には初期、中期、後期、完了期がある。一般的に離乳食をスタートさせる目安は生後5～6か月ごろと言われている。この時期になると、首が据わってきたりお座りができたりするようになるため、赤ちゃんを座らせて離乳食を食べさせやすくなるのだ。離乳食の進め方とスケジュールの目安については、次に示す通りである。

初期（ゴックン期）

生後5～6か月ごろ

食事は1日1回、10倍がゆ（米と水を1：10の割合で炊いたおかゆ）やすりつぶした野菜などのなめらかなものを食べさせる。

中期（モグモグ期）

生後7～8か月ごろ

食事は1日2回、7倍がゆやゆでて2～4㎜角のみじん切りにした野菜など、舌でつぶせる程度の硬さのものを食べさせる。また、肉や魚、卵などを食べさせ始める時期でもある。

後期（カミカミ期）

生後9～11か月ごろ

食事は1日3回、5倍がゆや5㎜～1㎝角の果物など、歯茎でつぶせる程度の硬さのものを食べさせる。この時期の赤ちゃんは、慣れてくるとスティック状にしたものは手づかみで食べ始める。また、栄養の6～7割を離乳食から摂取するようになっている。

完了期（パクパク期）

1歳～1歳半ごろ

食事は1日3回、軟飯や大人より少し柔らかい程度のおかずなど、歯茎でかめる程度の硬さのものを食べさせる。この時期はメニューや形状がかなり大人の料理に近づき、栄養は離乳食からほとんど取るようになっている。

育休中の計画としてあげていた家の環境整備は、1月初旬からスタートした。我が家の家の中は3歳と0歳の子どもを育てながら過ごしていく上では問題点がいくつもあったため、それらを一つずつ解決していったのだ。

まずはソファーである。我が家にあるソファーは、娘が生まれた時に買い替えたもので、娘が動き始めても危険にならないようにと足がなく床に直置きできるロータイプのものにしていた。ただ、娘が2歳ごろまでは想定通り快適で安全に過ごすことができていたのだが、娘が2歳を過ぎたあたりから少しずつ危険なことが増えてきたのである。娘がソファーの背もたれの部分に立ち上がり、ぼくや妻に向かってとびかかるようになったのだ。これは、息子が生まれてからも変わらなかった。そのため、息子をソファーの近くに寝させる時には、娘が危険なことをしないかヒヤヒヤして目が離せなかったのである。

また、足のないソファーは掃除がしにくいという問題もあった。掃除の度に大きなソファーを動かすことはできないため、ソファーを置いている部分は、ずっと掃除ができない状態になっていた。

そこでぼくと妻は相談し、このソファーを処分することに決めた。もったいないとは思ったが、安全や清潔の点から思い切って決断したのである。そして我が家は、処分したソファーのかわりに大きめのクッションを二つ購入した。「オニオンソファー」とも呼ばれ、大量のビーズが入っていることで座ると姿勢に合わせて形状が変化するビーズクッションである。幅が80センチほどあるにもかかわらず、軽量な上にレザーカバーのため汚れてもかんたんにふき取れるという優れものであった。

このクッションは柔らかく体を包み込むため、ソファー以上に座り心地がよかった。娘もこのクッションがお気に入りになった。柔らかいためクッションの上に立ったりクッションの上からとび降りたりはできなくなったが、娘はクッションに向かってとび込むという遊びを覚え満足していた。また、ソファーを処分してこのクッションにしたことで、リビングが広くなるというメリットもあった。娘はこれまで以上に走り回ったり踊ったりすることができ、息子も広い範囲をハイハイで動き回ることができるようになったのである。ソファーをクッションに替えただけで、我が家のリビング環境はかなり快適になった。

次に解決した問題はコンセントである。子どもが生まれ、生活の仕方が変わったことで、我が家は必要な場所にコンセントを増設することにしたのだ。増設したのはダイニングの壁である。

ダイニングの壁にはもともとコンセントがあったのだが、ダイニングテーブルの下側にあることが問題であった。テーブルの下側にあると、電気鍋やホットプレートを使う時、コードが子ども達の触れやすい位置にくるため危険なのである。これは、ダイニングテーブルでパソコンなどを使って作業するときにも問題になった。近づくなと言っても、子どもは近づきコードを引っ張ってしまうのだ。そこで我が

家は、この問題を解決するために業者にお願いして、コンセントをダイニングテーブルより上側の壁にもつけてもらえるようにしたのである。

業者の工事は1月中旬に行われ、1時間ほどで終わった。5千円程かかったが、その後の便利さを考えれば大満足であった。ダイニングテーブルでは電気鍋やホッ

トプレートを使うことが容易になり、日中は息子の様子を見ながらパソコンを使った作業もしやすくなった。我が家はコンセントの増設によって、快適で安全に家事や育児ができるようになったのである。

リビングやダイニングがすっきりしたついでに、我が家では息子に使っていたハイローチェアも片付けることにした。息子はすでにお座りがしっかりできるようになっていた上、ハイローチェアではあまり寝ないようになっていたからだ。息子には、ダイニング用に娘と同じベビーチェアを購入した。安全のため、椅子から落ちないようにロックできるベルトも購入し、しばらくは椅子から抜け出せないようにして座らせるようにした。意外にも息子はお利口に座ることができ、離乳食を食べる際も大きく暴れることはなかったため、ぼくも妻も安心した。それなりの大きさがあったハイローチェアがなくなったことで、我が家はさらにすっきりしたのであった。

こうして我が家のリビングとダイニングは、とても過ごしやすくなった。ただ、家の環境整備をしたことにより、新たに大変な仕事もしなくてはならなくなった。

不用品の処分

リビングやダイニングを中心に過ごしやすい環境にしようとした結果、我が家は家中を整理していくこととなった。その結果、必要なくなった育児グッズや、もう着れなくなった娘や息子の服など、様々な不要品が大量に出てきたのである。また、リビングに置いていたソファーも処分しなくてはならなくなった。

我が家はリビングやダイニングがある1階から整理していったため、不要な物はすべて2階の空き部屋に押し込んでいた。この部屋は前から物置部屋となっていたが、さらに押し込んだことで足の踏み場のないほど物であふれることになった。そのため1月は、家中を過ごしやすい環境にするとともに、その過程で出てきた不要品をどう処分するかということにも時間を費やすことになったのである。

不用品は単純にすべてゴミで出せばいいという考えもあるのだが、大きなものをゴミに出すのは大変なのである。我が家で出た大きな不要品は、ソファー、ベビーベッド、ベビーゲートなどであるが、ぼくの住んでいる地域では、これらの物をゴミとして出す場合は基本的に粗大ごみとなるのである。

粗大ごみを処分するには、戸別収集と持ち込みの二つの方法がある。戸別収集は、事前に申し込んで指定の日に自宅前に収集にきてもらうという方法であり、持ち込みは、事前に予約をした上で自分で施設に持っていくという方法である。当然、戸別収集のほうが楽なのだが、戸別収集は有料なのである。ゴミの品目ごとに金額が決まっており、我が家の場合は全部で数千円かかることになったのだ。一方、持ち込みの場合は無料である。そこで我が家は、粗大ごみになるものは持ち込みで処分しようと考えたのであった。

しかし、ここからが大変であった。インターネットで粗大ごみの持ち込みを予約しようとすると、持ち込み可能な日がほとんど埋まっていたのである。施設には土曜日以外は持ち込むことができるのだが、予約に空きがあるのは最短で約1か月後だったのだ。日曜日にいたっては、2か月近く先まで埋まっている状態だったため、我が家はとりあえず最短で持ち込むことができる約1か月後の平日を予約した。ただ、このままでは1か月間は大きな不要品を片付けることができない。そこでぼくは、次なる作戦を考えることにした。その作戦とは、メルカリとリサイクルショップの活用である。

ぼくは以前からフリマアプリのメルカリを使ってほしいものを購入したり、不要品を出品したりしていた。数は多くないが、これまで出品したものはすべて数日の間に売れていた。そのため、今回1か月間も家に置いておくのであればメルカリに出品したほうが早く処分できるのではないかと考えたのである。ただ、メルカリに出品するとなると梱包をして発送しなくてはならないという手間が生まれてしまう。大きなものだと梱包資材を準備することだけでも大変なのだ。しかし、よく調べてみると、そんなぼくの不安を解消するサービスがメルカリにあったのである。「梱包・発送たのメル便」というサービスだ。これは、出品した商品が売れた場合、宅配業者が自宅に商品を取りにきてくれる上、宅配業者が梱包と発送の作業をすべてしてくれるというサービスである。手数料はやや高いが、販売額から差し引かれるため、マイナスになることはないのである。

ぼくは、早速メルカリで我が家の不要品が売れそうか調べてみることにした。すると、ベビーゲートについては我が家と同じようなものが出品され、売れていることがわかった。ぼくは二つあったベビーゲートを二つともメルカリに出品することにした。すると、予想通り出品して数日でどちらも売れたのである。その後は宅配業者に取りに来てもらう日時を指定し、来てくれた宅配業者にベビーゲートをそのまま渡すだけで完了した。正直、粗大ごみとして捨てるよりも楽だった。しかも、数千円の利益まで生まれたのである。

そしてもうひとつ活用したのがリサイクルショップである。不要になった子ども服などは大量にあったため、それらをまとめてリサイクルショップに持っていったのだ。子ども服はメルカリでも売れるのだが、一枚一枚写真に撮る手間を考えるとリサイクルショップのほうが効率的なのである。また、リサイクルショップではメルカリでは売れそうにないと判断して出品しなかったベビーベッドも買い取ってもらうことができた。結果的に我が家は、リサイクルショップによってまたも数千円の利益が出たのだった。

このメルカリとリサイクルショップの活用によって、我が家の不要品はどんどん少なくなっていった。そして最後まで残っていたソファーは、粗大ごみとして予約した日に施設に持ち込み、無料で処分した。

こうして1月の終わりごろには、我が家の不要品はほとんど整理された。そして、足の踏み場もなかった2階の物置部屋は、きれいな客間として生まれ変わったのであった。

試行錯誤のキッチン侵入対策

家の中を家事・育児がしやすいように整えていった我が家であるが、現在も非常に苦労していることがある。それは、キッチンへの侵入対策である。

我が家は、娘がハイハイで動き出したころからリビングとダイニングの間にベビーゲートを設置し、娘がリビングからダイニングのほうには移動できないようにしていた。しかし、2歳を過ぎたころから、娘は自力でベビーゲートを動かせるようになったため、あえなくベビーゲートは外すことになったのだ。ベビーゲートがなくなったことで、娘は頻繁にキッチンに侵入するようになった。包丁が入っている引き出しを開けようとしたり、冷蔵庫を開こうとしたりするのだ。キッチンには危険なものがたくさんあるため、調理中は特に娘の侵入が怖かった。

そこで我が家は、キッチンへの入口に新たなベビーゲートをつけることにした。ベビーゲートはより動かしにくそうなものを選び、壁に穴をあけて動かないように固定したのである。開閉式のため、ロックを外せばゲートを開くことができるが、ロックをしていれば基本的に開かないゲートだ。ぼくは、これで大丈夫だと思った。

ところが、娘はベビーゲートを設置したその日のうちに、なんと自力でゲートを突破してしまったのである。娘が力づくでロックを外したのだ。2歳になった娘の前では、ベビーゲートの力は全く及ばなかったのである。

しかし、まだぼくは諦めなかった。インターネットでいろいろ対策を探してみると、我が家でもできそうな方法が見つかったのである。それは、百円ショップに売っている30㎝四方の人工芝を、裏返しにしてキッチンの入り口に並べて置いておくというものである。この人工芝は裏側が突起状になっており、踏むと痛いのである。そのため人工芝には近づけず、キッチンに侵入できなくなるという仕組みである。ぼくはさっそく百円ショップで人工芝を購入し、キッチンの入り口に2列(奥行60㎝)で並べたのだ。そうすることで、大人ならまたげるが、娘ではまたげなくしたのである。これは、効果てきめんであった。娘はこの人工芝によってキッチンに侵入できなくなったのだ。

ただ、その効果が続いたのも3週間程度であった。なんと娘はダイニングの椅子を人工芝の前に持ってきて、椅子を力いっぱい押し始めたのだ。すると、椅子の足が人工芝を押し、人工芝がその力に耐えきれずにはがされたのである。人工芝はある程度力がかかっても動かないように固定していたのだが、娘のパワーには勝てなかったのである。結局、この人工芝作戦も失敗に終わった。実はインターネットでも、人工芝の上に本を置いて渡ってきたり、スリッパをはいて突破されたりすることがあると書いてあった。子どもの知恵というのは、すごいものである。

こうして我が家は、娘のキッチンへの侵入対策を諦めることにした。娘には言って聞かせるしかないと判断したのである。ただ、最低限の安全を守るため、引き出しや冷蔵庫、食糧庫などにドアロックを取り付け、娘が自由に開けられないようにはしておいた。

一方、娘が自由にキッチンに来れるようになったことで、いいこともあった。娘が妻の料理を手伝いたがるようになったのだ。そこで妻は、娘に卵をかき混ぜさせたり、子ども用の包丁で野菜を切らせてみたりしたのである。すると娘はそれが楽しかったようで、ますます手伝いをするようになったのだ。娘は、手伝った料理が出来上がると、

「これ、わたしが作ったのよー！」

と自慢気にぼくに伝えてくるようになった。

その後、我が家にキッチンへの侵入対策がないまま息子が生まれ、息子もハイハイができるようになった。当然、キッチンへも侵入するようになった。料理が始まると娘がキッチンに行きたがるため、息子もそれを追ってキッチンに来るのである。

ぼくが育休に入ったころにはつかまり立ちができるようになっていたため、息子はキッチンにかけてあるタオルをひっぱって床に落としたり、手の届く高さにある炊飯器やコーヒーメーカーを叩いたりするようになったのだ。また、料理をしている妻にしがみついて立つこともあった。

これは、さすがに危険である。娘がキッチンにいるだけでも大変なのに、息子まででいては料理が進まない。そこで我が家は、息子にだけ通用する対策を取ることにした。以前娘に使った人工芝作戦のように、踏むと痛いマットをキッチンの入り口に設置したのだ。今回は百円ショップの人工芝ではなく、1枚数百円する足つぼ刺激マットを購入して使用した。人工芝の裏面はどうしても見た目が美しくないことや、そもそも踏んでよいものではないため、安全性の面も考慮して足つぼマットにしたのである。マットは30センチ程度の奥行で設置した。そうすることで娘はまたげるが息子はまたげないようにしたのである。

これにより、息子はキッチンに侵入できなくなった。0歳の息子にも、足つぼマットの突起は脅威なのであろう。ただ、突破されるのは時間の問題だとは思っている。息子はすでにダイニングの椅子を押して動かすことができるからだ。そのため妻の料理中、ぼくは息子と一緒に遊んだり、絵本の読み聞かせをしたりして、息子にマットの突破を試みさせないようにしているのである……。

息子を寝かせる工夫

育休中のフリータイムを充実させる上で、日中に息子を寝かしつけることは重要なことであった。ただ、息子は娘とは違い、すぐに寝てくれる子ではなかったのだ。娘の時はハイローチェアに乗せればすぐに寝ていたのだが、息子はハイローチェアではなかなか寝ないのである。特にぼくが育休に入った生後9か月ごろからは、眠そうになっていてもハイローチェアに乗せると嫌がり、むしろ目がさえてしまうということが起こったのだ。そのため、息子の日中の寝かしつけは大変であった。

とはいっても、大変なのはぼくだけである。妻には伝家の宝刀「授乳」という必殺技があるからだ。母乳を飲めば、基本的に息子は眠たくなるのである。ただ、妻にばかり寝かしつけを任せるわけにはいかない。そこでぼくは、何とか自分で寝かしつけられる方法を探したのである。いろいろ試した結果、シンプルだが「だっこ」というのが一番効果的だとわかった。はじめは泣いていても、だっこをしていると15分程度で眠るようになったのである。ただ、息子が眠るにはいろいろな条件が必要であった。まず場所である。だっこをする場所は、テレビの前なのである。テレビをつけておいて、テレビが見えるようにだっこしておくと、息子は眠くなるのである。テレビは子ども向けの番組でなくても、何でも眠くなるようであった。次にだっこの仕方である。ぼくは、腕で大きな輪っかを作り、そこに息子を乗せるようにだっこをする。そして、そのままゆっくりスクワットをするように上下に揺らし続けるのである。これはぼくの姉から教わった寝かしつけの方法であるのだが、確かにそうすると、息子は眠そうな顔をするのであった。ただ、スクワットをし続けるのは体力的にしんどい時がある。そのため、バランスボールを活用して寝かしつけることもあった。我が家にはたまたまバランスボールがあったため、スクワットに疲れた時には息子をだっこしたままバランスボールに座り、ゆっくり体を上下させるようにしたのである。息子は、それでもうウトウトし始めるのであった。ちなみにインターネットで調べてみると、バランスボールで寝かしつけるという方法は、実際に効果があるらしい。

こうしてぼくは、日中息子を寝かしつけることができるようになった。そして、息子を寝かせている間に家のことや保育園のこと、さらには自分のことにも時間を使うことができるようになったのであった。

ちなみに、娘の時の黄昏泣きのように、何をやっても寝ないということは息子にもあった。だっこをしても体を反らし続け、泣き叫ぶのである。こうなった時は最終手段である。抱っこ紐で家中を歩き回ったり、外を散歩したりするのだ。30分ほど動き続ければ、叫び続けていた息子は落ち着き、寝てくれるのであった。ただし、この時はぼくの体力も相当奪われるため、息子が寝た後に何か作業をする気にはならなかった。

姉弟のバトルは日常茶飯事

ぼくが育休に入る少し前から、娘と息子が争うことが増えてきた。争うと言っても、娘が怒って息子が泣くという一方的な状況が生まれるだけなのであるが、この状況が頻繁に起こるようになったのだ。一番多いパターンは、娘が遊んでいるおもちゃに息子が近づき、おもちゃを触られたことに娘が怒って息子を突きとばすという状況である。中でも娘が特に激しく怒るのは、積み木やパズルの時だ。娘が一生懸命積み重ねた積み木や、完成が近いパズルを息子は突然やってきて壊していくのである。もちろん息子に悪気はないのだが、壊された娘は怒り心頭。

「やめて！　さわらないで！」

と大声で叫びながら、息子を手で突きとばすのだ。そして息子は床に頭をぶつけて大泣きするのである。ぼくや妻は、暴力をふるったことに対して娘を叱るのだが、娘の気持ちも当然わかる。相手は0歳。言葉でわかる相手ではないのだ。

するとと次第に、娘はダイニングテーブルで遊ぶということを覚えだした。娘は自分で椅子に座ることができるが、息子はできない。そのため娘は折り紙やお絵描き、パズルなどはダイニングテーブルの上に置き、息子にじゃまされないようにして遊ぶようになったのである。3歳なりに知恵を働かせたのであろう。

争いの多い姉弟であるが、2人で遊ぶことも増えるようになった。娘は妻が作った段ボール電車（段ボールに紐を通して、引っ張れるようにしたもの）の中に入って、ぼくに引っ張ってもらう遊びが好きなのだが、ある時からその段ボール電車に息子も一緒に入るようになったのだ。段ボールの中では、2人で引っ付きながら電車ごっこを楽しんでいる。2人にとっては楽しい遊びなのだろう。ただ、引っ張るぼくにとっては、大変な遊びとなった。

また、娘が息子に優しくする場面も多く見られるようになった。息子が転んで泣いてしまった時には、

「いたいのいたいの、とんでけー！」

とおまじないをかけて息子をなでなでしたり、息子がかんしゃくを起こして泣いている時には、息子をこちょこちょして笑わせたりするようになったのである。また、息子に離乳食を食べさせることも娘がやりたがるようになり、

「おいしいでしょ〜？」

と聞きながらスプーンで食べさせてくれることもあった。いつも争ってはいるが、娘は息子のことをしっかりお世話してくれていたのである。

そのため息子は、娘のことが大好きであった。リビングにぼくと妻と娘がいると、息子は迷わず娘のところに行くのである。ただ、それによってまた争いは起きてしまうのであるが……。

2人の争いが起こるのは大変であるが、やはり姉弟とはいいものだと思う。姉弟だからこそ味わえる楽しさもあるのだろう。

夜の寝かしつけ

我が家では3歳の娘と0歳の息子、そして妻とぼくの4人が2階の寝室で寝るよ

うにしていた。ベッドで2人、床で2人が寝るのだが、基本はぼくと娘がベッドで寝て、妻と息子が床で寝るようにしていた。妻は息子に授乳する必要があることや、息子がベッドから落ちる危険を回避することなどからそのようにしたのである。

しかし、実際にはうまくはいかないことがあった。特に息子が生まれて4か月を過ぎたあたりから寝かしつけに時間がかかるようになったのである。一番の問題は娘がすぐに寝なくなったということである。それまでは娘はベッドに入ると比較的はやく寝てくれていたのだが、このころからベッドに入ってもすぐに立ち上がり、寝室の中を動き回るようになったのだ。それは、どうやら床の寝具を変えたことが関係していた。

実はそれまで、床では布団を敷いて寝るようにしていたのだが、布団で寝ていると妻の腰が痛くなることが増えたのである。そのため、我が家は布団を処分して厚みのあるマットレスに変えたのだ。マットレスは布団とは比べものにならないくらい寝心地がよく、期待通り妻の腰への負担も軽減された。しかし、このマットレスの登場により、娘がマットレスで寝たいと言い出したのだ。また、それだけにとどまらず、娘はベッドからマットレスにとび降りるという遊びを覚え、寝室が娘の遊び場と化してしまったのである。そのため、いつもなら妻が床で息子を寝かしつけ、ぼくが娘をベッドで寝かしつけるのだが、その流れがうまくいかなくなった。娘はベッドに入ってもすぐベッドから起き上がり、マットレスにとび降りるのである。ぼくがベッドに連れ戻しても、また抜け出してとび降りるというくり返しになるのだ。マットレスでは妻と息子がいるのだが、こうも娘が騒ぐと息子は寝られない。そしてやっと娘が寝そうになった時に、今度は寝られなくなった息子が泣き出し、娘が起きてしまうという悪循環に陥ったのである。我が家では、寝室に入ってから娘と息子が寝るまでに、毎日1時間ほどかかるようになった。

そこで我が家は、この問題を解決するために娘と息子を時間差で寝かしつけるようにした。まずぼくと娘が寝室に上がり、ぼくが娘を寝かしつけた後に妻が息子と寝室に上がってくるという方法である。これは何度かうまくいったが、すぐにうまくいかなくなった。娘がぼくと2人で先に寝室に上がるのを拒むようになったからである。娘はしきりに

「おかあさんといっしょに上がりたい！」

と言うようになったのだ。実は息子が生まれてから、娘は妻と一緒に寝ることが少なくなっていた。娘は仕方がないと我慢していたが、本心は妻と一緒に寝たかったのである。そのため、ぼくと2人で寝室に入ってしまえば、妻とは一緒に寝られ

なくなると思ったのであろう。

そこで我が家は、まず妻が娘と寝室に上がり、妻が娘を寝かしつけてからぼくが息子を寝室に連れて行くという方法を取ることにした。これはうまくいった。娘も妻と一緒であれば満足して比較的はやく眠るのである。そして妻が娘を寝かしつけている間に、ぼくは1階で息子を寝かしつけておく。そうすれば後で息子を寝室に連れて行くだけで済むようになり、ぼくも妻も楽だったのである。

育休中の2月下旬ごろからは、ぼくが1階で息子を寝かしつけるのも楽になった。この時期から、息子には卒乳(母乳から卒業させること)に向けて夜間はフォローアップミルクを飲ませ始めたからだ。フォローアップミルクとは、生後9か月ごろから使えるミルクであり、栄養の補助や卒乳までのつなぎとして使われるミルクである。このフォローアップミルクがあることで、息子を寝かしつけるのはかなり容易になった。お腹が満たされると、息子はすぐに眠くなるのである。

ただ、そうはいっても息子は夜ぐっすり眠るタイプではなかったため、夜中に何度か起きてしまっていた。娘が0歳の時は、生後3か月ごろからは夜眠ると朝まで起きないことが多かったのだが、息子は生後10か月になっても朝まで起きずに眠り続けるということが一度もなかったのだ。そのため妻は、毎日夜中に何度か授乳をして寝かしつけることになっていたのである。

そこで我が家では、ミルクを使い始めた2月下旬ごろから、夜中に息子が起きた時はぼくがミルクを飲ませることにした。寝る位置も変更し、妻と娘がベッドで、ぼくと息子がマットレスで寝ることにした。

　夜中にミルクをあげる上で大変になるのは、ミルクの準備である。娘の時も一時期ミルクを使っていたことがあり、夜中にぼくが準備したことはあったが、その時も大変だった。ミルクの作り方は、70度以上のお湯に粉ミルクを溶かして調乳し、その後人肌程度まで温度を下げて完成なのだが、これを夜中にやるのは一苦労なのである。まず電気ケトルでお湯を沸かすところからスタートし、溶かしたミルクを冷水につけて冷やし、温度を確認してから飲ませるということになるのだ。そのため、娘が泣き始めてからミルクを飲ませられるようになるまでに10分以上はかかってしまうのである。そして、もちろんこの作業は、泣いている娘をあやしながらしなければならないため、スムーズにはできないのである。

　ただ、今回息子に使うフォローアップミルクについては、作り方が少し楽であった。ぼくが購入したミルクは水に溶けやすいタイプであり、50度くらいに冷ましたお湯でも調乳できるものだったのだ。そのため、工夫次第では調乳してからほとん

ど冷やす必要なく使えるミルクだったのである。

ぼくは、寝室の隣にある客間（家の整理によってきれいになった部屋）に息子のミルクセットを準備した。準備物はスパウトマグ、ミルク、マドラー、タオル、電気ケトルである。ちなみにこの電気ケトルは40〜90度の間であれば設定した温度で保温できるという機能があるものだ。たまたまメルカリで見つけ、夜中の調乳用に購入したのである。

ぼくはこの電気ケトルを

使ってお湯を45度で保温する設定にした。これにより夜中にお湯を沸かすという作業やその後ミルクを冷やすという作業は必要なくなったのだ。また、調乳する際に使うマドラーも、百円ショップに売っている使い捨てのものを使用するようにした。

このミルクセットがあることにより、ぼくは夜中にミルクを作るのが娘の時ほど大変ではなくなった。夜中に息子が泣き出しても、隣の客間に連れて行き、その場ですぐにミルクを作って飲ませることができるようになったからである。ただ、薄暗い中で調乳していたため、マグがしっかりしまっていないまま飲ませてしまい、一度息子がミルクまみれになってしまうということがあった。やはり夜中の作業は油断禁物である。そしてその時以降、ミルクセットにタオルは必須アイテムとなった。

こうしてぼくが息子を夜中に対応できるようになったことで、妻は夜中に起きる必要がなくなった。そのため妻は朝起きると、

「ぐっすり眠れるようになって、朝すっきりする！」

とよく言っていた。確かにそうである。毎日夜中に起き、授乳をしなければな

らない日々が10か月も続いていたことを考えると、その妻の大変さは壮絶なものであっただろう。ぼくは、たった1か月ほどしか体験していないが、夜中にミルクをあげるために起きる日が続くと、日中は寝不足で疲れることが増えるのである。また、イライラしやすくもなる。夜中に起きるというのは、夜中だけ大変なのではなく、1日中大変だということがわかったのだ。

ぼくは寝不足が続いたある日、娘と息子がケンカをした際に娘を大きな声で叱り上げてしまうことがあった。普段ならそんなことはないのだが、イライラしていたためか、ものすごい剣幕で娘を叱ってしまったのだ。娘は、ぼくにおびえて大泣きした。そして、ぼくはハッとして我にかえった。すぐに娘に謝ったが、ぼくはとても反省した。

ぼくが育休に入るまで、確かに妻もイライラすることが増えていた気がする。「そんなに怒らなくても」と思うことは何度かあった。ただ、それは妻がずっと寝不足でしんどかったからであろう。夜中にミルクをあげ続けるようになってはじめて、ぼくは妻の大変さを少し理解できたのである。もっと妻をサポートしておけばよかったと、ぼくは気付かされたのであった。

マッサージ大作戦

ぼくが育休中に工夫したことの一つに、妻へのマッサージがある。妻はもともと肩こりや腰痛になりやすかったため、定期的にマッサージ店に通っていたのだが、息子が生まれてからは息子から手が離せないことや、コロナ禍ということもあり通えなくなっていた。

そこで妻の肩こりや腰痛がひどい時には、ぼくが妻をマッサージするようになった。ぼくが育休に入るまでは週に1回程度、ぼくが育休に入ってからは週に2回程度マッサージするようにしていたのである。マッサージをすると妻は気持ちよさそうにするのでぼくは嬉しい気持ちになるのだが、一つ悩みがあった。力を込めてマッサージするのは、それなりに疲れるのだ。妻には満足感を与えたいが、ぼくは楽したい。それが本音であった。

実はこれまでも同じようなことを考えたことがあり、妻には様々なマッサージグッズをプレゼントしてきた。腰の下に当てて寝ながらマッサージできるマッサージクッションや、足を入れるとふくらはぎをマッサージしてくれるフットマッサージャー。マフラーのように首にかけると首や肩をマッサージしてくれるネックマッサージャーなどである。しかし、結局どれも妻を満足させることはできなかった。妻にとっては、機械のマッサージよりも、人からのマッサージのほうが気持ちいいのである。

そこで今回、ぼくは考え方を変えることにした。マッサージはぼくがするという前提で、ぼくが楽にマッサージできる方法はないかと考えたのである。これまでは、妻が1人でマッサージをするために使うグッズを探してきたが、今回はぼくがマッサージをするために使うグッズを探したのだ。

ぼくは早速インターネットで検索をした。しかし、見つかるのはこれまでぼくが妻にプレゼントしてきたような1人でマッサージができるグッズばかりなのである。世の中には、マッサージされる側のグッズはあふれているのだが、マッサージする側のグッズがとても少ないのである。それでも、何日間か探し続けた結果、ぼくはついにあるグッズにたどり着いた。それは「マッサージガン」というグッズである。

マッサージガンとは、名前の通り銃のような形をしたマッサージ機なのであるが、銃というよりも電動ドライバーに近い形である。電動ドライバーのドライバー部分が球体になっており、ボタンを押すとその球体が振動する仕組みになっているのだ。そして球体部分を体に当てると、体に振動が伝わり筋肉がほぐれるというのである。

これは一流のスポーツ選手が運動後に筋肉をほぐすために使う道具として注目され始めたのだが、それ以外にも肩こりや腰痛の改善にも効果があると評判になっていたのである。

このマッサージガンも、基本的には1人で使うためのグッズである。柄の部分を持ち、先端の振動する球体部分をほぐしたい箇所にあてることでマッサージしていくのだ。ただし、背中や腰については手を後ろにしなければならないため、誰かにしてもらうほうが楽であり、そのほうが効果的であるということであった。妻の肩や腰をマッサージすることが中心のぼくにとっては、このマッサージガンは丁度よいグッズだったのである。

ぼくは、マッサージガンを購入した。安い物は数千円で販売されていたが、マッサージグッズでの失敗はもうしたくなかったため、効果や使いやすさなどの評判をできる限りチェックした上で1万2千円ほどするものを選んだ。

購入後、ぼくは早速妻に使ってみることにした。子どもを寝かしつけた後、ベッドでうつぶせになった妻にマッサージガンを当ててマッサージをしてみたのだ。すると、これが妻に大ヒット。マッサージガンの振動がいい刺激になり、筋肉の奥までほぐされる感じだと妻は言うのである。どうやら、ぼくが手でマッサージするよ

りも気持ちよかったのであろう。

翌日には妻から
「腰がすごく楽になった!」

と言われたのである。ここまで妻に効果を実感してもらえたグッズははじめてだった。マッサージガンは、妻にとって最適なグッズだったのである。

そしてこのマッサージガンは、ぼくにも大きなメリットがあった。とにかく楽なのである。ぼくがすることはボタンを押して腰や肩を中心にマッサージガンを当てていくだけ。もんだり、叩いたりする必要はなくなったのだ。また、充電式でコードレスのため操作にス

トレスはない上、軽量で静音設計のものを選んだこともあり、横で娘や息子が寝ていても起きることはなかったのである。

1月下旬にマッサージガンを購入してから、ぼくは2日に1回ほどのペースで妻をマッサージするようになった。楽なのでそれくらいできるのである。妻は、嬉しそうにしていた。そして、時には妻がぼくにマッサージガンでマッサージをしてくれることもあった。

こうして、マッサージガンによって妻もぼくも楽になった。そして、夫婦の仲もより良好になった。ありがとう、マッサージガン。

保育園の入園準備

2月に入ってから、フリータイムは息子の入園準備に割くことが多くなった。2月初旬に保育園の入園説明会があり、0歳児の保育で必要になるものなどの説明があったからである。着替えやパジャマ、おむつなどの衣類の他、エプロンやランチョンマット、コップ、マグといった食事に使うもの、さらに布団や布団カバー、タオルケットなどのお昼寝に使う物もの必要であるとわかった。

我が家はさっそく買い物に行った。娘のおさがりで使えるものは息子に回すことにしたが、そうはいっても女の子用に買っているものも多かったことや、娘が引き続き3歳児の保育でも使うものもあったため、新たに買うもののほうが多くなった。

必要なものを購入した後は、それらに名前を付ける作業に取りかかった。これが、とても大変な作業であった。名前は字の大きさや付ける位置、付け方など、様々な指定があるのだ。例えば衣類はマジックで直接書いてよいものもあれば、布に書いて縫い付けなければならないものもある。また、コップやマグはマジックだけではすぐに消えてしまうため、鋭利なもので名前を彫った上にマジックで書かなければならなかった。

そこで妻とぼくは分担して名前を付けていった。ぼくはコップやマグに名前を彫る作業や、布団やタオルケットに付ける布に名前を書いていく作業をし、妻は名前の書かれた布を縫い付ける作業を主に行った。2人で分担して行うことで、作業は効率的に進めることができた。ちなみにコップやマグに名前を彫るのは千枚通しやきりなどですると大変なのだが、百円ショップに売っているミニルーターというものを使えば字を書く感覚で簡単に彫ることができた。また、シャツやズボンへの名前付けには名前スタンプを活用した。妻が事前に様々なサイズの名前スタンプをインターネットで注文していたため、とても楽に作業することができた。

名前を付ける作業が終わったことで、ぼくは一安心したのだが、まだ大物の準備が残っていた。それは、ランチョンマットの作成である。保育園で使うランチョンマットは、食器を置く位置がわかるように、指定の型紙に従って布にお皿やフォークの形の縫い目を付けなくてはならないのだ。ちなみに0歳児の給食では、はじめはランチョンマットを使わないが、秋以降から成長に合わせて使用することになるのである。このランチョンマットについては、市販のもので対応することはできない。また、毎日使うもので汚れやすいため、複数枚必要なものであった。

我が家は、このランチョンマットを9枚作成することにした。最も少なくしようとすれば2枚で済むのだが、それではあとで困ることになると考えたのである。実はランチョンマットは3歳児の終わりまで使い続けるものなのだ。0歳児から入園する息子は3年以上使用することになり、2枚ではとてももたないのである。実際、1歳児で入園した娘は約2年間で5枚程度使用し、すべてボロボロになっている。そのため、我が家は余裕をもって9枚作っておくことにしたのだ(実はこのランチョンマット以外にも、我が家では今後2年後3年後に息子が必要となるものは、この育休の間に準備しておくことにしていた)。

ランチョンマットには、お皿を置く場所、フォークやスプーンを置く場所、おはしを置く場所があり、お皿の場所は3か所ある。そしてこれらの場所にすべて指定の型紙通りに縫い目を入れていくのである。ぼくはこの作業にとても時間がかかった。実はぼくは裁縫が大の苦手なのだ。小学校の教師のため家庭科で裁縫を教えたことはあるが、その時も大変であった。そのためぼくは、妻に教えてもらいながら、慎重にランチョンマットに縫い目を入れていくことになった。結局ぼくは1枚完成させるのに2時間以上かかった。妻との分担で、ぼくは3枚作りあげることになっていたため、何日もかけて黙々とランチョンマットを縫い続けることになった。そしてその間に、妻は6枚分縫い終わるとともに、そのほかの準備物についても着々と進めていったのであった。

こうして、2月の終わりごろには、ほとんどの入園準備が完了した。振り返ってみると、確かに膨大な量があった。ただ、実際は8割以上妻がしていた。ぼくの何倍もの速さで妻は準備を進めていったのである。むしろぼくは、妻の指示通りに任されたことを遂行しただけであり、ぼくが感じている以上に妻の仕事量は多かったのだと思う。ぼくは改めて、妻のすごさを感じたのであった。

育休中の自分の時間

育休中のフリータイムは家の中の整理や保育園の入園準備などに時間を費やすことが多かったが、落ち着いている時は自分の時間をもつこともできた。とはいえ今回の育休は、一度目の育休に比べるとフリータイムは少なかったと感じている。子どもが2人いるということや、成長とともに息子の昼寝の時間が短くなったことがその大きな理由であろう。

ただ、今回の育休は前回とは違い、仕事の準備はほとんど行わなかった。それは育休が年度末までであり、復帰後は新年度になるからである。前回の育休は年度中の復帰だったため、復帰後に指導する学年や子ども達を考えて準備していたが、復帰後が新年度となると、どの学年に配当されるかもわからず、状況によっては転勤もあり得るのである。

　また、前回の育休で頑張った料理についても、今回は時間を割くことが少なかった。今回の育休では、基本的に食事は妻が作ることが多かったからである。ぼくが作るのは家事当番で昼食づくりが回ってきた時と、土曜日の夕食だけであった。また、料理については離乳食づくりを頑張っていた分、昼食や夕食には力を注ぐ気力がなくなっていたのも事実である。

　そんな中でぼくが自分の時間を使って取り組めたのが、読書である。前回の育休中と同様、ぼくは部屋にある本を読んだのである。ただし今回はたくさん読むのではなく、厳選した上でそれらの本を何度も読むということにした。ぼくは前回の育休中に読んだ本で特に心に残った本や、前回の育休後に購入した本の中で印象深かった本を、10冊程度に絞って読んだのである。本というのは、何度読んでも学ぶことができる。改めて自分の大切にしている考え方を思い出せたり、前に読んだ時とは違った視点での気付きがあったりするのだ。今回ぼくが読んだのは、人生哲学の本やビジネス書、教育書などであるが、何度も読んだことで自分がこれからも大切にしていきたい考え方や、今後自分が目指していきたい生き方などがより明確になった。落ち着いて、自分の好きな本を何度もじっくり読めたことは、とても貴重な時間となった。

また、これは予定外のことであったが、歯医者に通えたというのも自分の時間でできたことである。2月初旬、ぼくは育休の時間を使ってこれまであまり行けていなかった歯医者に検診に行った。すると、数か所に歯周病が見つかったのである。治療には4、5回かかると言われたため、ぼくは歯医者に通院することになった。仕事をしている時であれば、治療は基本的に土日になるため、1か月程度は通うことになるのだが、育休中のぼくは平日に通うことができる。そのため、ぼくは平日の娘が保育園に行っている時間に予約をとって歯医者に通い、2週間程度で治療を終えられたのであった。

また、2月には携帯電話会社の見直しもできた。2月初旬ごろから、多くの携帯電話会社が新料金プランを次々と発表し始めたのだ。そのためぼくは、自分の契約を見直すことにしたのである。ぼくはいわゆる格安スマホ会社に契約していたのだが、いろいろ調べてみると、現在の通話やデータの使用量であれば他の会社に乗り換えた方が断然お得になることがわかったのだ。時間をかけて調べることができたため、ぼくは自信をもって最適だと言える会社に乗り換えられた。

ちなみに、乗り換えはぼくだけでなく妻も行った。ぼくがしっかり調べられたことで、夫婦そろってスマホの通信費を見直せたのである。そして我が家は、これに加えて家のインターネット回線の会社も乗り換えた。これも調べてみると乗り換えたほうが断然お得になることや、会社の変更に伴う工事や手続きがほとんどなく、簡単に乗り換えられることがわかったからである。その結果、我が家のスマホやインターネットの通信費は、大幅に抑えられることになった。はじめは自分のスマホ料金を見直す目的で調べ始めたが、いつの間にか調べたことが我が家のためにもなっていたのであった。

育休中の自分の時間は、とても充実していた。1回目の育休ほど時間的な余裕はなかったが、したいことはできたと思っている。改めて自分を見つめ直したり、体のメンテナンスをしたり、時間をかけて興味があることを調べられたりと、普段仕事をしていてはなかなかできないことができたのである。

育休中の自分の時間は、心も体もリフレッシュされるいい時間となった。

育休中に大変だったこと

コロナ禍ということもあり、育休中は家族の健康には十分気を付けていたのだが、一度だけ大変なことがあった。

1月下旬のある日、娘は保育園に行っており、家ではぼくと妻と息子が過ごしていた。この日は妻が少し疲れているようだったので、ぼくはお昼過ぎに息子を連れて買い物に行くことにした。妻にはその間、家でゆっくりしてもらおうと思ったからである。早速息子をチャイルドシートに乗せ、車を走らせた。すると、10分ほど走った時に、息子から

「うー！　うー！」

と言う声が聞こえてきたのだ。信号で止まった時に様子を見ると、息子が苦しそうにもがいている。そして次の瞬間……

「ドボドボドボー！」

息子が、大量におう吐したのだ。ぼくはあわてて近くのコンビニに車を止めた。息子の顔と服は大変な状態になっていた。ぼくは息子の顔をふき、妻に状況を連絡して家に引き返した。

家に戻ってからは、とりあえず休ませて息子の様子を見ることにした。心配していたが、すぐに息子は元気になった。特にしんどそうな様子もなく、再度おう吐することもなかった。そのため、原因として考えられたのは昼食であった。実はこの日から、離乳食の量を増やしたばかりだったのである。いつも以上に食べて満腹になった息子をすぐにチャイルドシートのベルトで締め、車を走らせたことで息子は苦しくておう吐したと考えられたのだ。

ところが、翌日になると今度は娘がせき込むようになった。前日に息子がおう吐していたこともあり、この日は娘を保育園に行かせずに休ませた。そして、ぼくは娘と息子を小児病院に連れて行った。

病院の先生からは、2人ともウイルスにかかっているわけでもなく、特に問題はなさそうだと言われた。ぼくは一安心して家に帰った。しかし、大変なのはこの後だった。

家に戻ると、今度は妻が2階の寝室で寝ているのだ。なんと急激に体調が悪化したというのである。そのため妻にはそのまま休んでもらい、ぼくと子どもは1階で過ごすようにした。娘と息子はすっかり元気になっており、体力がありあまっている状態だった。ぼくは2人の相手をしながら、この日はすべての家事を行うことになったのである。

子ども2人を見ながら家事をしていくというのは大変であった。料理、掃除、離乳食、洗い物、洗濯物の取り込み等、普段は分担しているためスムーズにできる家事が、1人でやるとなると全く集中できないのだ。子どもは家中を動き回り、目を離すと娘が息子を突きとばしていたり、危険な遊びをしていたりするからである。

午後には昼寝をさせるつもりだったが、娘がいつも昼寝している寝室は妻が休んでいたため娘と息子をどちらもリビングで寝かしつけることにした。ところが、これはぼくには不可能であった。どちらかを寝かそうとしても、もう一方が騒ぐため結局どちらも寝られないのだ。そして、時間だけがどんどん過ぎていくのであった。結局そのまま夕方になり、へとへとのぼくは子ども2人をお風呂に入れ、そのあと料理も作らなければならなかった。夕方の家事は疲れがピークに達し、子どもの相手をする元気は全くなくなっていた。

一体世の中の専業主婦の人達はどのようにしているのだろうか。家に2人の子どもがいて、毎日1人で家事育児をこなしていくというのは想像ができない。専業主婦というのは、すごい仕事である。

妻は、1日休んで少し元気になった。どうやら、体調不良の原因は産後の生理再開の影響のようだった。ホルモンバランスの影響で、産後に再開した生理痛はひどくなることがあるらしい。産後の生理再開は人によって時期がまちまちなのだが、妻はたまたまぼくの育休中に再開したのである。そのため、もしぼくが育休中じゃなかったら、妻はもっと大変だったかもしれない。

この日を経験して、ぼくは改めて妻と2人で育休をとるよさを感じることができた。多少の体調の変化でも保育園を休ませて小児病院に連れて行くという判断が容易にできることや、ぼくや妻の体調が悪い時には気兼ねなく体を休められること。これらは2人で育休をとっているからこそできることだと思う。

ただ、そう思うと職場復帰後は大変かもしれない。日中子どもは保育園にいるが、妻が保育園に迎えに行ってからぼくが帰るまでの間は、妻は1人で家事育児をしなくてはならないのだ。

復帰後は、できるだけ早く帰れるようにしよう。ぼくは、改めてそう思うようになった。

育休中の楽しい思い出

二度目の育休も、楽しい思い出はたくさんできた。コロナ禍で県外に出ることはなかったため、当初考えていた東京ディズニーランドに行くという計画は実現しなかったが、心に残る出来事はたくさん作ることができたのである。

まずは、日々の子どもの成長を見られたことである。ぼくの育休中に、息子は伝え歩きができるようになった。さらに、どこにもつかまらずに立つこともできるようになった。そしてついには、数歩歩くこともできるようになった。また、自己主張することも増え、欲しいものを指さしたり、本棚から絵本を出してぼくに読んでと目で訴えかけたりもするようにもなった。この時期の息子の成長は著しく、その一つ一つの瞬間に立ち会えたのは、とても幸せなことであった。

育休中は息子の成長に加え、娘の成長も感じられた。息子が自分の意志で移動したりおもちゃで遊んだりするようになったことに触発されたのか、娘は何でも自分でやりたがるようになったのだ。これまでは何をするにしてもぼくか妻がいなければしなかったのだが、

「1人でトイレに行く！」

「1人で階段降りる！」

「1人で買い物をしてみたい！」

など、どんどん自立していったのである。買い物については正月にテレビで観た「はじめてのおつかい」に触発されて言い出したのだが、自分もやりたいと思えたことがぼくは嬉しかった。さすがに1人で買い物に行かせることはできなかったが、一緒にスーパーや子ども用品店に行った時に、娘には商品を選んでもらったり、レジでお金を出してもらったりするようにした。娘は自分で商品をレジに持っていき、お金を払えたことに満足したのか
「わたし、買い物できたの！」

と自慢げに言うことが増えたのであった。

娘の成長については、家だけでなく保育園での成長も知ることができた。ぼくの育休中に保育園で保育参観があったため、我が家はぼくが参加したのである。娘が保育園でたくさんの友達と一緒に集団生活をしている姿を見て、ぼくは嬉しくなった。家ではわがままばかりの娘だが、保育園ではすぐに怒ったりせず、友達と仲良く過ごしていたのである。

また、子どもとの日々の触れ合いも楽しい思い出であった。この育休中は、娘や

息子と一緒に遊ぶことがたくさんできた。息子はぼくに絵本を読んでもらったり、ぼくの足に乗って飛行機遊びをしたりすると、満面の笑みで喜びを表現する。これがとてもかわいいのだ。さらに息子は小さなボールであればつかんだり投げたりするようになったため、家の中でボールを転がしながらぼくとキャッチボールができたのである。息子とのキャッチボールがこんなに早く実現するとは思わなかったが、とても嬉しい思い出となった。

一方娘とは外で遊ぶことが多かった。2月中旬ごろから暖かくなり始め、娘を連れて児童館や公園に行くことが増えたのである。車で大きな公園に連れて行くと、娘は大喜びだった。一緒に大きなすべり台をすべったり、芝生で鬼ごっこをしたり、砂場で砂遊びをしたりできた。育休中は平日に公園に行くこともできたため、土日は混雑する大きな公園でも、ほとんど人がいない中で存分に遊べたのであった。

ただ、毎回車で大きな公園に行くのは大変なため、家の近所の公園に行くことのほうが多かった。しかし、これには問題があった。我が家の近所の公園は一番近いところでも歩いて15分ほどかかるのだ。そのくらいぼく1人なら大したことないのだが、娘がいると困るのである。特に、遊び疲れた帰りにだっこをせがまれた時は大変だった。娘をだっこして15分歩くというのは、相当体力が奪われるのである。

そこでぼくは、3月に大きな決断をした。電動アシスト自転車の購入である。実は3月初旬に、娘と同い年の子どもをもつ知り合いから、電動アシスト自転車があると子どもを公園に連れて行くのがとても楽になると教えてもらったのだ。しかし、調べてみると子どもを乗せられる電動アシスト自転車は15万円ほどする。とてもじゃないが、我が家にそんな余裕はなかった。ただ、諦めずに調べてみると、中古品を安く取引できる「ジモティー」というサービスで、ぼくの求めていた子どもを乗せられる電動アシスト自転車が見つかったのだ。しかも値段は格安な上、我が家から30分ほどで引き取りに行ける距離にある。これは運命だ。ぼくはそう思い、ジモティーで電動アシスト自転車を購入したのである。

前の所有者が丁寧に使っていたこともあり、電動アシスト自転車は問題もなく使うことができた。そしてとにかく快適になった。娘を乗せて気軽に公園に行けるようになったのだ。アシスト機能があり動き出しも上り坂も全く疲れないため、少し遠い公園にも足をのばすことができた。また、娘は自転車に乗って移動すること自体を楽しんでいるようだった。ぼく自身も、春の陽気の中娘を乗せて自転車で走るのは気持ちよく、娘と公園に行くのは楽しみになっていた。電動アシスト自転車とは、すごい商品である。これがあることで、娘との時間はとても充実したものになった。

この他にも、育休中は子どもとの時間だけでなく、妻との時間も楽しむことができた。特に妻と一緒に録画しておいたテレビドラマを観ることは毎週の楽しみの一つとなっていた。普段から妻は観たいドラマを録画して時間がある時に観ていたのだが、育休中は妻が観始めるとついぼくも観てしまったのだ。そして1話観てしまうとはまってしまったのである。一緒にドラマを観ると「次回はどうなるのかな」「もしかして○○が起きるんじゃない」など必然的に妻との会話が盛り上がる。子どもが生まれてからは、妻と2人でテレビをゆっくり観る時間などほとんどとれていなかったが、妻と同じものを観て共有するというのは、改めて楽しいものだと感じたのだった。

また、3月初旬には息子が卒乳したため、妻とお酒が飲めるようにもなった。卒乳した日の夜、ぼくと妻は久々にビールで乾杯した。妻は久しぶりのビールをおいしそうに飲んでいた。ぼくもまた妻と一緒にお酒が飲めるようになり嬉しかった。3月は、週末ごとに妻とお酒を飲む時間を楽しむことができた。

そして何より、この育休中は家族での思い出もできた。先述したように県外への旅行はできなかったが、遠出できないからこそ楽しめた家族の時間があったのだ。中でも、家族で桜を見ながら散歩をした時間はとてもいい時間だった。3月に入り、近所にある河津桜が満開になったのだ。そこで、家族みんなで満開の河津桜の並木道を散歩したのである。ぼくは息子が乗ったベビーカーを押し、妻は娘と手を繋いで歩いたのだ。その日は天気もよく、風も気持ちよかったため、家族でゆっくり桜を見ることができた。並木道を抜けた後は、少し遠回りして普段通らない田園の横の道を通って帰った。3月の田園は一面きれいな緑色になっている。ぼくはその田園の景色をみて、とても心が穏やかになった。家族そろって家の近くの自然豊かな場所を散歩できる。何気ないことだが、これはぼくをとても幸せな気持ちにしてくれたのであった。

ちなみにぼくはマイホームを購入した時、この自然豊かな土地が気に入っていた。しかし、普段は車で移動していたため、近所の自然にほとんど目を向けることなく生活していたのである。この育休は、ぼくに改めて自然の景色のよさを気付かせてくれた。育休をとっていなかったら、ぼくはこれからもずっとそのことに気付かなかったかもしれない。

また、3月には家族で写真を撮影してもらうこともできた。妻の知り合いのカメラマンにお願いして、満開の桜の公園で家族全員の写真を撮ってもらったのである。平日にお願いしたこともあり、公園内は混雑もせず、気持ちよく撮影してもらえた。

やはりプロはすごい。娘や息子の笑顔あふれる写真を何十枚も撮ってくれたのである。我が家ではこの写真を家に飾ったり、アルバムにしてまだ息子が生まれてから一度も会えていないぼくの親に送ったりできた。

この育休中は、家族で旅行することも外食することもなかった。ただ、だからといってつまらなかったかと言えばそんなことはない。これまで行ったことのなかった公園に家族で行ってみたり、公園でシートを引いて家族でお昼ご飯を食べたり、たまには出前をとって豪勢なご飯を食べたりもできた。コロナ禍だからこそ、そんな楽しみ方もできたのであろう。ぼくにとってこの育休は、とても思い出に残る日々だったのである。

家事育児に役立ったアイテム

育休中の家事育児については、様々なアイテムに助けられてきた。すでに離乳食の調理アイテムやミルクづくりのアイテムなどを紹介してきたが、他にも我が家の家事育児に役立ったアイテムはたくさんあった。ここでは育休中に限らず、この3年ほどの生活の中で家事育児に特に役立ったアイテムを四つ紹介していこうと思う。

まずは「おしりふき」だ。これは最も使用頻度の高いアイテムである。おしりふきはおむつ替えの時使うものであるが、我が家では娘や息子のおしりをふくことより、ウェットティッシュとしての用途で使うことのほうが多い。ダイニングテーブルやキッチン、洗面所など、あらゆるところに置いている。子どもは家中を動き回り、家中を汚していくため、汚れをふき取ったり、掃除の時に使用したりできるのである。ちなみに我が家ではおしりふきを2種類用意している。一つは最も安価な標準タイプのおしりふき。もう一つは少し高価な水に流せるタイプのおしりふきである。

水に流せるタイプは主にウンチに対応するために使用している。子どもがウンチをしておむつを替える時、おむつに残ったウンチはトイレに流すのだが、使用したおしりふきが水に流せない場合、ウンチのついたおしりふきはゴミ箱に捨てなければならなくなるのだ。一方水に流せるおしりふきの場合は、ウンチと使用済みのおしりふきをトイレに流し、おむつだけをゴミ箱に入れるようにできる。そうすることでおむつ用のゴミ箱はすぐにいっぱいにならず、臭いも抑えられるのである。また、水に流せるおしりふきはトイレの掃除でも大活躍する。3歳の娘はトイレでおしっこができるようになっているのだが、まだ上手にできずに便器やトイレの床にこぼしてしまうことがあるのだ。しかしそんな時もこの水に流せるおしりふきで便器や床をふき、トイレに流せばある程度きれいになるのである。

一方標準タイプのおしりふきは、食後のテーブルをふくのに使ったり、お出かけの時の手ふきとして使ったりしている。娘がトイレでおしっこをできるようになってからは、本来の用途で使用することはほとんどなくなったが、ウェットティッシュよりも安く、子どもの肌にも優しいなど、便利な点が多いため使い続けているのである。ちなみに我が家では、標準タイプも水に流せるタイプも毎月箱買いしている。

続いて紹介するアイテムは寝室の「ドアロック」である。鍵のついていない我が家の寝室を、子どもが自由に開けられないようにするアイテムだ。我が家では、娘が2歳に近づいたころからドアノブを自分で動かすことができるようになり、寝室から脱出してしまうことがあった。寝室は2階のため、もしぼくや妻が寝ている間に出てしまうと危険だと感じ、寝室のドアにロックをつけようと考えたのである。だが、これには解決しなければならない問題があった。それは、寝室の中からだけでなく、外からもロックを解除できるようにしなければならないということである。娘が2歳のころは、夜妻が寝かしつけることが多かった。寝る時間はだいたい8時から9時の間であり、妻は娘とそのまま一緒に寝るようにしていた。一方のぼくは7時から8時の間に帰宅していたのだが、日によっては8時を過ぎてしまうことがあった。8時を過ぎた時は娘が寝てからご飯を食べたり、お風呂に入ったりすることがあったため、娘や妻と同じタイミングで寝ることはできなかったのである。そうなると、寝室にロックがあったとしても外からは開けられないタイプの場合、ぼくは後から寝室に入れないことになる。とはいえ、ぼくが寝室に入るまではロックしないというわけにもいかない。そこで、我が家では以下の条件を満たすドアロックを探すことにしたのである。

①子どもはロックしたり解除したりできないが、大人はできる。
②ロックや解除は部屋の中からでも外からでもできる。
③大がかりな工事を伴ったり、お金がかかりすぎたりしない。

その結果見つかったのが、「ドアモンキー」とよばれるドアロックである。これは扉を少し開けた状態でロックするもので、玄関などにあるチェーンロックの簡易版といったものである。ドアモンキーを扉にはさんでおくと、数センチ開いた状態になるのだが扉がロックされる。この状態ではどれだけ扉を押しても10センチほどしか開かないのだ。しかし、はさんでいる部分を指で動かすとロックが外れ、開けることができるという仕組みなのである。このドアモンキーを娘の手が届かない扉の上部にはさんでおくと、大人しかロックの解除ができない上に、大人は部屋の中からでも外からでも解除できるのだ。さらにこれは設置に何の工具や接着剤も必要なく、ただ扉にはさむだけで使えるものなのである。値段も2千円程度であり、我が家にとってはすべての条件を満たしたドアロックだった。

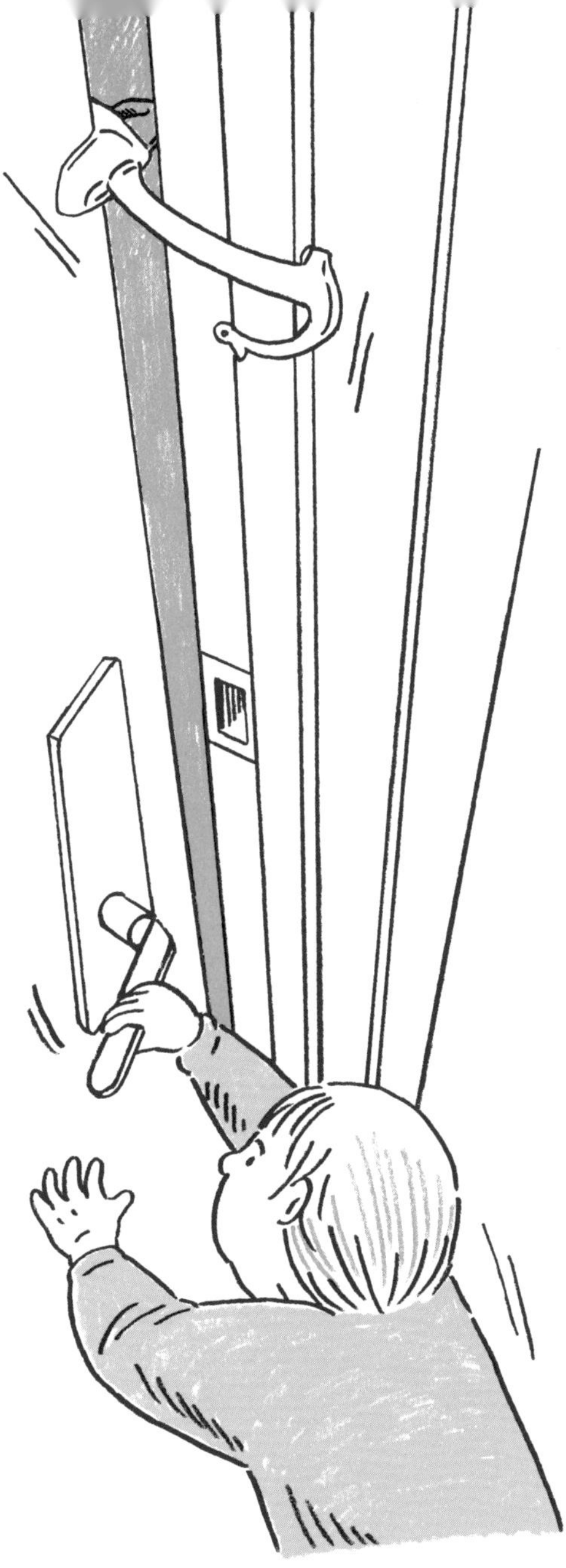

このドアモンキーのおかげで、ぼくは妻と娘が寝ている時に外からロックを解除して寝室に入ることが可能となった。また、息子が生まれてからは寝室に入るタイミングに時間差をつけるようにしたが、これもドアモンキーがあることで可能になったのである。さらに、ドアモンキーは常に扉が少し開いている状態になるため、寝室に入る時に音がしないのもメリットであった。扉が完全に閉まっていると、寝室に入る時に「カチャッ」と音がなり、その音で起こしてしまうということがあったが、音を鳴らさず入れることでそのリスクがかなり軽減されたのである。ドアモンキーによって、我が家の寝室は安全が確保され、後から寝室に入ることがあるぼくも、安心して過ごせるようになった。

また、寝室では寝かしつけに役立つアイテムも活用した。それは「ドリームスイッチ」という絵本のプロジェクターである。これは、天井に投影して読み聞かせをしてくれるものなのだが、お話だけで30作品あり、どの話も優しい声で読み聞かせをしてくれるのだ。娘の寝つきが悪くなり始めた1歳半ごろに1万5千円ほどで購入したのだが、これがあることで娘はすぐに寝てくれるようになった。また、物語だけでなく動物の名前や野菜の名前を紹介するコンテンツもあったため、娘は動物や野菜の絵を見ながら言葉を覚えることもできていた。親は楽できる上に、子どもは勉強をしながら寝てくれる。まさに一石三鳥のアイテムであった。

最後に紹介するアイテムは、脱衣所に設置したヒーターだ。我が家は、娘が2歳になるころに、脱衣所の壁にヒーターを取り付けたのである。それまでは、冬場は脱衣所に電気ストーブを置いていたのだが、娘が触ろうとして危険だったため、どうにかならないかと思っていたのだ。そんな時に見付けたのが脱衣所の壁に取り付けることができるヒーターだった。工事費を含めて5万円ほどかかったが、これにより脱衣所はかなり安全になった。特に息子が生まれ、自由に動き出すようになってからは、本当に助かっている。先述した通り、お風呂上がりの脱衣所は大変なのである。そんなところに電気ストーブを置くことなど、今では考えられない。ちなみにこのヒーターは脱衣所を温める機能だけでなく、涼しい風を出す機能も備えている。そのため夏場は、お風呂上りに扇風機がわりとしても活用している。

このように我が家では、様々なアイテムのおかげで家事育児を何とかやってこられたのである。もちろん、ここで紹介した四つのアイテム以外にも様々なアイテムを駆使して過ごしている。そして今後も、その時々で新しいアイテムを使うことになるのだと思う。家事育児は大変だからこそ、便利なアイテムはこれからもどんどん活用していきたいと考えている。

ただ、出費がかさむためなるべくアイテムにはお金をかけないようにしたい。実は二度目の育休では、かなりお金を使ってしまったため、今後は節約していかなければならないのだ。……と言いつつも、我が家は現在家事を楽にする「お掃除ロボット」が欲しくなり、購入するか迷っているのである。

育休、終了へ

3月下旬になり、いよいよ育休もあとわずかとなった。そんな中我が家では、育休最後の家族イベントがあった。写真館での記念撮影である。1週間ほど早いが、息子の1歳の記念撮影を3月下旬に行うことにしたのだ。

3月最後の金曜日、我が家は朝から家族そろって写真館に向かった。ぼくと妻は正装。息子と娘は写真館で衣装を着せてもらう予定である。写真館に着き、息子はかっこいいタキシードを、娘はかわいいドレスを着せてもらった。写真館では家族写真や息子だけの写真、息子と娘の写真など、様々なパターンで撮影することになった。ただ、そんな日に限って主役の息子の気分があまり優れないのだ。特に息子1人の撮影は難航し続けたのである。場所見知りをしているのか、ぼくや妻が離れると息子は泣いてしまうのだ。写真館では何度も休憩をはさみ、何枚も撮り直してもらうことになった。その結果撮影には2時間以上かかった。ぼくも妻も、終わった時にはぐったりしていた。ただ、時間をかけた分息子がしっかり笑っているいい写真は撮れた。大変ではあったが、育休最後のビッグイベントは無事に終えることができたのであった。

そしてぼくは、育休最後の1週間で職場復帰へ向けての準備を始めることにした。職場では3月下旬に人事異動の発表があり、ぼくは転勤せずに附属小学校で働き続けることが決まった。4月からは職場に負担をかけた分、しっかり今後の仕事で返していきたいと思った。ただ、今後の働き方については、ぼくなりに考えていることがあった。

復帰後、ぼくはこれまで以上に早く帰れるようにしようと考えた。それは、家で妻がワンオペになる時間をできるだけ減らしたいからである。また、娘と息子の保育園の送り迎えについても、ぼくが行ける日を作れるように仕事を調整しようと考えた。

もちろん、仕事の質を落とすつもりはない。これまでと同じように新しい授業づくりに取り組んでいくことは前提である。ただ、新しい授業を考えることは職場にいなくてもできると思っている。そのため、ぼくは学校でしかできない仕事は学校でするが、それが終われば家に帰ることを優先しようと考えたのだ。

家にいても、家事や育児の合間に授業を考えることはできる。また、子どもを寝かしつけてしまえば、その後の時間を有効に使うこともできるのだ。そうであるならば、例え家に仕事を持ち帰ることになったとしても、悲観的に考える必要はない。普段なら2時間残業して仕事するところを、2時間在宅で仕事をすると思えば、変わらないのである。むしろ、父親としてすべき役割を果たしながら仕事もできるのであれば、そのほうがいいとぼくは思ったのだ。もちろん、無理しすぎないように「できる範囲でできることを取り組む」というスタンスはこれからも大切にしていくつもりである。

果たして、復帰後はどんな状況になるだろうか。育休の終盤、ぼくはそんなことばかり考えながら、日々を過ごしたのであった。

そしてついに、3月31日が終わった。

約3か月に渡るぼくの育休生活は、終わりを迎えたのであった。

二度目の育休をふり返って

ぼくにとっての二度目の育休が終わった。約3か月という期間であったが、二度目の育休もまた、最高に幸せな時間であった。

家族と過ごす時間の楽しさや大切さに気付けたこと。
子育てにおける自分の弱さを知れたこと。
家族との未来に向き合えたこと。
今後の生活に向けた準備ができたこと。
ぼくの今後の生き方が明確になったこと。

この3か月は、間違いなくぼくの人生を豊かにした。そしてこの3か月が、これからのぼくを作っていく原点になるのだと思う。家族や自分自身を見つめ直すことができたことで、ぼくの心はとても前向きになった。

娘や息子のぼくに対する関わり方も、この3か月で大きく変わった。ぼくと一緒

に寝たがらなかった娘が、最近では
「おとうさんと寝る！」

と言ってぼくの布団に入り込んで抱きついてくるようになったのだ。他にも
「おとうさんと公園に行く！」

「おとうさんと一緒に保育園に行く！」

など、ぼくに甘えてくることが増えたのである。

また、息子もぼくに甘えるようになった。ぼくがリビングでクッションに座っていると、息子は急いで近づいてきてぼくの足にしがみついてくるのだ。ぼくに足の上であやされるのが好きなのだろう。少しあやしただけで息子は満面の笑みになる。逆にぼくが息子の視界からいなくなると、息子は大泣きする。そして家中を探し回るのである。当たり前のことかもしれないが、子どもから父親だと認識され、甘えられるのは嬉しいものである。ただこれは、ぼくが育休をとって子どもと一緒にいる時間が長かったからこそ、味わえたことなのだと思っている。

今回の育休を一度目の育休と比べてみると、実務的な必要感は今回のほうがより高かったと感じた。子どもが2人いると、それだけで家事育児が大変になる。また、子どもが体調を崩したり、自分自身が体調を崩したりした時にはそれがもっと大変

になる。たった3か月ではあったが、ぼくと妻で家事育児ができたことで、妻の負担は減らせたのだと思っている。

特に今回は、ぼくが勤務自粛や在宅勤務をしたことで、出産直後から妻の産休が終わるまでも家で過ごすことができた。育休ではないが、その期間ぼくが家にいられたことは我が家にとって大きかったと思う。あの時期の妻に1人で娘と息子を任せるというのは、かなり無理があった。今回育休をとって、ぼくは改めてそう感じたのである。

ただ、今回の育休に関しては後悔している部分もある。それは育休のとり方であった。今回の育休は、年度が開始した後に半ば強引な形で取得することになった。三学期からの育休については、前年度から考えていたにも関わらず、管理職には前年度中には伝えていなかったのである。本来であれば人事異動が決まり、新年度の体制を考え始める3月下旬には管理職に伝えておくべきだったのだが、2月下旬からの全国一斉休校で混乱している職場でそのようなことは言い出せなかったのだ。実際、育休を諦めなければならないと思ったのも事実である。しかし結果的には、ぼくは強引に育休を取得することになった。職場に対しては、申し訳なさが残っている。

ぼくが今回の育休をとれたのは、本校が教科担任制を基本とした体制の学校であるということや、ぼくが担任ではなく体育専科として配置されたことも関係している。担任であれば年度中に担任が変わることになるため、育休をとるハードルは高くなるからだ。ただ、もしぼくが担任に配置されていたとしても、育休をとる努力はしたと思う。特に三学期からということであれば、それまでにクラスの子どもとの信頼をしっかり築き、子どもにも保護者にも十分に説明すれば、担任が育休で休むことをマイナスと捉えずに理解してもらえると思ったからだ。もちろん職場には混乱を招くかもしれないが、それも準備次第で軽減できるであろう。ただ、どのような形で育休をとるにしろ、職場への十分な配慮は必要であると思う。今回のぼくのようなとり方は、決してよいとり方ではない。

さて、これでぼくは今後育休をとることはなくなるのだが、二度に渡る育休を改めてふり返ってみると、育休は間違いなくぼく自身を大きく変えたと感じている。これまでのぼくは、仕事ばかり楽しもうとしていた。しかし今のぼくは、仕事だけでなく家族との時間も含めた「人生」を楽しもうと思っているのだ。

世の中には「家に帰ったら仕事はしない」「仕事中は家族のことは考えない」といった考え方があるかもしれないが、今のぼくは仕事の時間と家庭の時間を明確に分けようとは思っていない。職場でも家でも、臨機応変にアンテナをはっておきたいのだ。家事をする中で仕事に使えるアイデアを発見したり、仕事をしている中で育児に活かせるコツを見つけたりしながら、仕事も家庭も楽しんでいきたいのである。

ちなみに3年前のぼくは、「仕事のことだけを考える時間が長ければ長いほど、いい仕事ができる」と考えていた。それは間違ってはいないのかもしれないが、今のぼくには合わない考え方だ。「人生を楽しもうと思う時間が長ければ長いほど、人生は豊かになる」こっちのほうが、今のぼくにはしっくりくる。昔に比べて、少し視野が広がったということだろう。こんな変化があったのも、育休をとったからだと思う。育休は、ぼくの考え方を変えた。そしてこれからのぼくの生き方を、より広げてくれたのである。

やはり育休は、奥が深いものである。

コラム 11

男性育休に関わる今後の法改正

2021年6月3日、「育児休業、介護休業等育児又は家族介護を行う労働者の福祉に関する法律及び雇用保険法の一部を改正する法律」が国会で可決され、成立した。2022年からの施行となるこの改正法では、男性の育児休業の取得促進を図る観点から、次のようなことが示されている。

- 男性版の産休ともいえる「出生時育休」の新設（出生後8週間以内に最大4週間男性が取得できる育休であり、2回に分割しての取得も可能）
- 育休の分割取得（出生時育休とは別に育休を2回に分けて取得することが可能）
- 企業には育休の対象となる男性に制度の個別周知や意向確認を求めることを義務化
- 大企業には育休取得率の公表の義務化

これまでの制度では、育休は基本的に期間中に1回しか取得できなかったが、この改正法では育休は最大4回まで分割することができるようになる。また、そのような制度があることを企業は対象となる男性に個別に周知し、意向確認をしなければならなくなるのである。そのため、男性はこれまでより育休を取得しやすくなると考えられる。

このほか、同じく国会で可決・成立した「全世代対応型の社会保障制度を構築するための健康保険法等の一部を改正する法律」では、育休中の社会保険料の免除要件が見直された。短期間の育休を取得する際、これまでの制度では月末時点で育休を取得している場合にのみ当月の保険料が免除されたが、改正法では月末をまたがなくとも月内に2週間以上育休を取得していれば免除対象になるとされた。一方で、賞与に係る保険料の免除は1か月超の育休取得を要件とすることも示されている。これは、月末の数日間だけ育休をとって手取り額を増やそうと悪用することを防ぐための対策であると考えられる。この改正法についても、2022年から施行される予定である。

あとがき

よく、男性の育休についてこんな声をきくことがある。

「育休をとりたくても、とれない人がいるんだぞ。」

ぼくは、それは違うと思っている。「とれない」のではなく「とらない」が正しいはずである。どんなに責任のあるポジションでも、育休を「とれない」と最終的に判断しているのはその人自身であると思うからだ。もちろんその判断は間違っていないし、その判断のおかげで組織で働く多くの人が助かっているのは事実である。一方で、育休をとる人は、育休をとることによる様々なリスクを覚悟してその判断をしているのだと思う。そのリスクとは、

○職場が混乱するかもしれない
○上司や同僚から、「無責任な人間」というレッテルをはられるかもしれない

○職場へ迷惑をかける申し訳なさで気が休まらないかもしれない
○育休中の収入では生活できないかもしれない
○復帰後は職場で働きにくくなるかもしれない

他にも、あげればきりがないだろう。だからこそ、このようなリスクを受け入れてでも育休をとるということは、それなりに熟考し、悩み抜いた上での決断であるのだ。「育休をとる」という判断は、「育休をとらない」という判断以上に、相当な覚悟がいるのだと思う。

現在、男性の育休はいたるところで推奨されている。制度も充実し、空気感も変わってきつつある。2021年の国会では、育児介護休業法等の改正法が成立し、男性版産休（出生時育休）の制度の新設や育休の分割取得、企業には育休制度の周知や意向確認を義務化させることなどが盛り込まれた（コラム⑪参照）。そのため男性は、これまでよりも育休を取得しやすくなると思われる。

しかし、それでも難しさはある。制度があったとしても男性が育休をとると、多くの職場は対応できないのが現実なのである。その点でいえば、まだ公務員は男性が育休をとりやすい職場であると言えるだろう。少なくとも教師はそうであると思う。教師の世界、特に小学校は女性が多い職場である。そして、女性教師が担任をしながら年度中に産休・育休に入るということはこれまでも行われていたことなのだ。そのため男性も女性も同じ仕事を行っている教師の世界では、男性教師の育休も、状況としては女性教師の育休とほぼ同じケースで対応できるはずなのである。また、子どもを育てることを仕事としている教師だからこそ、育休をとって自身の子どもを育てることに向き合うことは、他の仕事と比べても職場から理解されやすいであろう。

ただし、全国的に教員不足が叫ばれている現在は女性でも男性でも教師が休むという状況が職場に大きな影響を与えるため、「できれば休まないでほしい」というのが残される同僚の本音であるとは思っている。

さて、冒頭にも述べたが、ぼく自身は男性の育休を推進したいという気持ちが強いわけではない。ただ、子どもが生まれることがわかった段階で、育休を選択肢の一つとしてもっておくことについては推奨したいのである。言いかえると、育休をとる意義やメリット、またそれに対するリスクやデメリットなどを、自分の仕事観や生き方に合わせて整理した上で育休を取得するかどうか選択するのをお勧めしたいということである。ぼくは、育休という選択肢は熟考する価値が十二分にあり、その選択が人生の豊かさを左右するほど大きなものでもあると感じている。だからこそ、何も考えずに決断するのはもったいないと思っているのだ。育休をとる、とらない、どちらを選んだとしても、熟考した上での決断であれば、その後の人生の過ごし方は変わるのではないだろうか。

ぼくが本書を執筆したのは、育休に興味をもっている人が、取得するか否かの決断に迷った時の参考になればと思ったからである。ぼくが一度目の育休をとろうと思った時、男性の育休に関する書籍は少なかった。今では少しずつ増えてきているように感じているが、それでもまだまだ少ないのが現状であろう。だからこそ、ぼくは本書を執筆する意義があると思ったのだ。

一方で、自分から発信するということには葛藤もあった。一番悩んだのは職場の同僚の受け止め方である。ぼくは二度も育休をとり、少なからず職場には負担をかけた。そんなぼくが育休中のことをまとめて発信するということに、同僚の理解は得られないかもしれない。内容についても職場には十分配慮して執筆したつもりであるが、配慮が足りていない部分もあるかと思う。

２０２１年6月現在、ぼくは職場に復帰して毎日働いている。今のところ、いいスタートがきれていると思っている。特に困ることなく日々が過ごせているからだ。そして今回も、同僚や管理職はぼくの復帰を優しく迎えてくれた。本当に、いい職場で働けていると思う。

また、我が家では4月に息子が保育園に入園した。まだ2か月ほどしか通っていないが、少しずつ慣れてきたようである。娘は3歳児クラスに進級し、一段とお姉さんになった。息子と一緒に保育園に通うことになったことが影響したのか、以前より息子の面倒を見てくれるようになったのだ。娘も息子も、今後の成長が楽しみである。

そして5月中旬には、妻が職場に復帰した。夫婦共働きが再開したことで、我が家はまた慌ただしく過ごすことになった。特に朝は、時間に追われて毎日バタバタしている。ただ、ぼくはそんな日々も楽しんで過ごせるようにしていこうと思う。育休が終わっても、育児が終わるわけではない。

慌ただしくても、子どもとしっかり向き合い、子どもとともに成長していくということが、父親としてのぼくの使命だと思っている。だからこそぼくは、父親としてもっともっと成長し、これからの人生をもっともっと楽しくしていきたいと思う。

まだぼくの父親としての人生は、スタートしたばかりなのである。

最後になるが、本書の出版にあたり雷鳥社の益田光様には大変お世話になった。この場を借りて、心から感謝したい。また、本書のデザインを担当してくれた石山さつき様、イラストを描いてくれた仲島綾乃様、本書の出版に力を貸してくれた山本洋之様にも感謝の気持ちを伝えさせてもらいたい。本当に、ありがとうございました。

そして何より、妻と2人の子どもには、最大限の感謝の気持ちを伝えたいと思う。いつも幸せな時間をありがとう。これからも、よろしくお願いします。

2021年6月　　羽田共一

● 参考

［書籍］

『やさしくわかる月齢別離乳食のきほん事典』
（太田百合子監修／西東社／2015）

『男性の育休』（小室淑恵・天野妙著／PHP新書／2020）

［Webサイト］

厚生労働省「知っておきたい 育児・介護休業法（育児編ダイジェスト版）」
https://www.youtube.com/watch?v=g6HtKsG-N_w

厚生労働省　イクメンプロジェクト「育児休業制度とは」
https://ikumen-project.mhlw.go.jp/employee/system/

厚生労働省　令和元年度雇用均等基本調査 関連資料 概要 全体版
https://www.mhlw.go.jp/toukei/list/dl/71-r01/07.pdf

厚生労働省　平成30年度雇用均等基本調査（確報） 関連資料 概要 全体版
https://www.mhlw.go.jp/toukei/list/dl/71-30r/07.pdf

「先進国における家族にやさしい政策（原題：Are the world's richest countries family-friendly? Policy in the OECD and EU）」
https://www.unicef-irc.org/publications/pdf/Family-Friendly-Policies-Research_UNICEF_%202019.pdf

● 著者

羽田　共一　Kyoichi Haneda

1983年、兵庫県生まれ。某国立大学大学院修了後、大阪の広告会社に営業職として入社。約2年間の勤務後、小学校教師に転職。公立小学校教師として5年間勤務した後、現在勤務する国立大学附属小学校に転勤。附属小学校での勤務4年目と6年目にそれぞれ約3か月の育児休業を取得。現在、体育を専門の教科として指導している。

男も育休って、あり？

2021年8月8日初版第1刷発行

著者：羽田共一

発行者：安在美佐緒
発行所：雷鳥社
〒167-0043 東京都杉並区上荻2-4-12
Tel. 03-5303-9766
Fax. 03-5303-9567
HP http://www.raichosha.co.jp
E-mail info@raichosha.co.jp
郵便振替 00110-9-97086

デザイン：石山さつき
イラスト：仲島綾乃
編集：益田光
協力：NPO法人企画のたまご屋さん／小林美和子
印刷・製本 シナノ印刷株式会社

ISBN 978-4-8441-3778-8 C0077